Theo Gerstl
Geländewagen Touren
Band 1: Italiens Ostalpen
Zweite komplett überarbeitete Auflage

Eigenverlag (Bestelladresse):
© Theo Gerstl
Riesenburgstr. 60, 81249 München
Tel./Fax (0 89) 87 50 18, Büro: (0 89) 89 86 04 51
tourenbuch@aol.com

2. Auflage 2002
Alle Rechte vorbehalten

Satz und Druck:
gugath media print gmbh
Kleinhaderner Straße 60, 80689 München, Telefon (0 89) 70 10 81

Dieses Buch erscheint im Eigenverlag und kann direkt beim Verlag (Adresse oben) für 20,35 Euro DM plus Versandkosten von 2,30 Euro (Inland) oder 6,20 Euro (Ausland) bestellt werden.

ISBN 3-00-009306-0

Theo Gerstl

Geländewagen
Touren Band 1

Italiens Ostalpen

2. überarbeitete Auflage

Inhalt Seite

Zur zweiten Auflage 6
Anreise 8

Touren:
Die schönsten Touren 12
Wasserspiele am Tagliamento 14
Enzianwiesen am Monte Crostis 26
Meduna – die Trockene 36
Natur pur am Lago di Cà Selva 46
Sette Comuni: Almidylle
am Ort der großen Schlachten 58
Piave – die Tückische 70
Der Friedensweg 78
Serpentinen ohne Ende am
Passo di Brocon 88

Service:
Prosciutto, Stolz von San Daniele 20
Rund um Udine 22
Palma Nova 39
Villa Manin 40
Baja Italia 44
Von Moosen und Flechten 52
Panzerforts 66
Der Staudamm von Longarone 74
Grappa – Geist in der Flasche 82
Asiago 86
Mit der richtigen
Ausrüstung sicher ans Ziel 96
Hotel oder Camping 100
Essen und Kochen auf Tour 102
4x4 Öko-Tips 104

Land und Leute:
Viele Herrscher in einer Region
– Friaul im Lauf der Zeit 106
Abstecher ans Meer und in
die Städte: Flucht nach Süden 110

Roadbooks:
Übersicht 112
Tagliamento – TOUR 1 114
Monte Crostis – TOUR 2 119
Meduna – TOUR 3 126
Lago di Cà Selva – TOUR 4 131
Sette Comuni – TOUR 5 135
Piave – TOUR 6 141
Friedensweg – TOUR 7 146
Passo di Brocon – TOUR 8 151
Kleine Sprachkunde/Kurzinfos 156

TOUR 1
Wasserspiele am Tagliamento
Seite 14
ROADBOOK
Seite 114

TOUR 2
Enzianwiesen am Mte Crostis
Seite 26
ROADBOOK Seite 119

TOUR 3
Meduna – die Trockene
Seite 36
ROADBOOK
Seite 126

TOUR 4
Natur pur am Lago di Cà Selva Seite 46
ROADBOOK Seite 131

TOUR 5
Sette Comuni: Alm-Idylle am Ort der großen Schlachten
Seite 58
ROADBOOK
Seite 135

Tour 6
Piave – die Tückische
Seite 70
ROADBOOK Seite 141

TOUR 7
Der Friedensweg
Seite 78
ROADBOOK
Seite 146

TOUR 8
Serpentinen ohne Ende am Passo di Brocon Seite 88
ROADBOOK Seite 151

Zur Zweitauflage:
Es hat sich manches geändert

„Italiens Ostalpen", das war der erste Band der inzwischen zur Buchreihe gewordenen *„Geländewagen Touren"*, den wir 1996 präsentierten. Seit damals hat sich in der Region natürlich einiges verändert – und auch die Tourenführer wurden weiter entwickelt. In dieser Neuauflage von *„Italiens Ostalpen"* haben wir versucht, beiden Faktoren Rechnung zu tragen.

Es war das Jahr 1995 als wir begonnen haben, einen lang gehegten Traum in die Tat umzusetzen: Einen Tourenführer für Offroader wollten wir machen – so etwas gab es damals zumindest im deutschen Sprachraum noch nicht.

Es gibt noch immer viel zu entdecken: Neue Touren bringen auch neue Eindrücke.

Im Frühjahr 1996 präsentierten wir dann Geländewagen Touren Band 1, Italiens Ostalpen. Inzwischen ist aber viel geschehen: Wir sind sicher im neuen Jahrtausend angekommen, haben viele Grenzen in Mitteleuropa verloren und dafür den Euro gewonnen. Es wurde also Zeit, den ältesten Band der Reiseführer-Buchreihe für Offroader zu überarbeiten. Schließlich liest es sich heute ziemlich nostalgisch, wenn im Kapitel „Anreise" über „Staus an den Grenzen" geschrieben wird oder die Wechselmöglichkeiten von Mark in Lire ein Thema sind.

Natürlich sind wir für diese Zweitauflage von Band 1, die Sie gerade in Händen halten, alle Touren nochmals abgefahren. Und auch vor Ort hat sich einiges geändert. Zum Teil sind die Zufahrten zu den Offroadstrecken heute anders – wie beispielsweise am Tagliamento.

Zwei Touren haben wir sogar ganz streichen müssen, da sie inzwischen entweder gesperrt sind, wie die Weiterfahrt vom Forte Leone über den Gipfel Richtung Nordwesten, oder sie uns einfach nicht mehr so recht gefallen wollten, wie die „Kreuzfahrt in Karnien". Hier steht ein Verbotsschild beim Verlassen der Roadbookstrecke in Gegenrichtung – das könnte uns eigentlich egal sein, aber wenn die Strecke in der Gegenrichtung bereits gesperrt ist, wie lange wird es dann noch dauern bis hier ein komplettes Fahrverbot steht?

Und außerdem: Die beiden neuen Touren, die wir als Ersatz gefunden haben (Monte Crostis und Friedensweg) gefallen uns ohnehin viel besser ...

Auf der Hochebene der Sieben Gemeinden sind viele Schotterwege zu erkunden.

Die letzten Sonnenstrahlen tauchen die Piste am Forte Lisser in weiches Licht.

Die Roadbooks selbst haben sich in den Jahren auch in einem wesentlichen Punkt geändert: Waren 1995 GPS-Empfänger noch ein teures Spielzeug für einige wenige Offroader, so haben sich diese Geräte inzwischen weitgehend durchgesetzt: Entsprechend haben wir die Roadbooks dieser Zweitauflage von Geländewagen Touren Band 1, nun auch um GPS-Koordinaten ergänzt.

Und wie immer gilt: Ihre Kritik, Ihre Anregungen und Verbesserungsvorschläge sind uns stets willkommen. So manche Neuerung in den Tourenbüchern beruht schließlich auf Vorschlägen von Lesern – und das soll auch in Zukunft so bleiben.

Anreise

Nur rund 400 Kilometer von München entfernt liegt unser Touren-gebiet im Nord-Osten Italiens.

In der nord-östlichsten Ecke Italiens findet der Offroader was er sucht: Ein touristisch nicht überlaufenes Gebiet, wild und urwüchsig, mit vielen Möglichkeiten, die Asphaltstraßen zu verlassen. Alle Touren in diesem Buch befinden sich in den Provinzen Trentino – Alto Adige, Venezien und Friaul (Karten links und oben).

Kurvige Passstraßen sorgen für eine vergnügliche Anreise (oben). Zwischen der italienischen Autobahn A 22 im Westen und der A 23 im Osten liegt das Tourengebiet (unten).

Nicht nur Autobahnen führen nach Italien. Wer auf Landstraßen fährt, sieht mehr.

Zwei Autobahnverbindungen führen direkt in die Region im Osten der italienischen Alpen. Einmal ist es die Tauernautobahn, auf der man Udine über Salzburg und Villach erreicht. Diese Strecke empfiehlt sich als Anreiseweg, wenn man eine der eher östlich gelegenen Touren zuerst in Angriff nehmen möchte. Die Brennerautobahn führt über Innsbruck

Die Gebirgspässe wollen entdeckt werden

und Bozen ins westliche Tourengebiet. Sowohl die Entfernung, als auch die entstehenden Kosten der beiden Anfahrtsrouten unterscheiden sich kaum. Auf der österreichischen Seite ist man bei der Überquerung des Alpen-Hauptkamms – hier, wie dort – mit einer Mautgebühr von rund 10 Euro, für die einfache Strecke dabei. In Italien berechnet sich die Autobahngebühr nach der zurückgelegten Strecke. Auf unseren diversen Touren in der Region bezahlten wir jedesmal zwischen rund drei und acht Euro. Außerdem empfiehlt es sich, auf den Autobahnetappen immer wieder auf den Tacho zu sehen: Sowohl in Österreich als auch in Italien gilt ein Tempo-Limit.

Mehr Spaß als das Abspulen von Kilometern auf der Autobahn macht die Fahrt über kleine Bergpässe. Die Anfahrtszeit vervielfacht sich jedoch auf den kurvenreichen Straßen. Dennoch, wer es nicht eilig hat, packt die Anreise gleich ins Urlaubsvergnügen mit ein. Bekannte Namen wie Nassfeld- oder Plöckenpass warten ebenso darauf, entdeckt zu werden, wie Staller- und Kreuzbergsattel. Alle hier genannten Pässe unterliegen aber oft sehr langen Wintersperren.

Und jetzt geht's los: Wir wünschen eine gute Fahrt und viel Spaß beim Entdecken der nachfolgenden Touren.

Jetzt jeden Monat neu:
Alles von Fun Cruiser bis Geländewagen.

Runter von der Straße. Rein ins Vergnügen.
Das Magazin für alle Allrad-Begeisterten.
84 Seiten Tests, Technik, Termine

Die schönsten Touren:
Höhenwege und Wasserspiele

Auf den folgenden gut achtzig Seiten finden Sie Touren zum Nachfahren beschrieben, die wir für Sie ausgekundschaftet haben. Diese Strecken sollen Ihnen aber auch als Anregung dienen, sich selbst auf Abenteuer-Pirsch zu begeben. Eigene, unbekannte Routen zu finden, ist schließlich noch spannender als bekannte nachzufahren.

Acht Offroad-Touren finden Sie in den nächsten Kapiteln in Wort und Bild beschrieben. Diese Schilderungen geben unsere ganz persönlichen Eindrücke und Erlebnisse wieder. Ab Seite 112 sind die einzelnen Touren in Form von Roadbooks dargestellt. Sowohl die Roadbooks als auch die Tourenbeschreibungen haben wir mit aller Sorgfalt zusammengestellt. Dennoch können wir nicht dafür garantieren, dass sich die Situation vor Ort mit der Zeit nicht ändert: Jeder Offroader ist für sein Tun selbst verantwortlich. Beachten Sie auch alle zum Zeitpunkt Ihrer Reise geltenden Gesetze und Vorschriften, halten Sie sich insbesondere an Streckenverbote. Oder lassen Sie es mich anders sagen: Ihre Strafzettel müssen Sie schon selbst bezahlen, wenn Sie Verkehrsvorschriften missachten.

Wir bitten Sie auch, im Gastgeberland mit der gebotenen Rücksichtnahme aufzutreten. Im speziellen sollten wir Offroader jede Belästigung anderer vermeiden und Rücksicht üben. Dies gilt sowohl für die Landschaft als auch gegenüber anderen Erholungssuchenden – und ganz besonders natürlich gegenüber unseren Gastgebern.

Wenngleich die Anzahl an Verbotsschildern seit 1995, als wir hier die erste Auflage dieses Bandes recherchiert haben, deutlich zugenommen hat, soll dieses Buch in erster Linie immer noch eine Anregung für Sie sein, sich selbst auf Tourensuche zu begeben: Trauen Sie sich und erkunden Sie ihre eigenen Wege. Es gibt sie immer noch und man kann sie auch finden! Das Rüstzeug dafür erhalten Sie mit diesem Buch. Wenn Sie eigene Touren suchen, dann noch ein Tipp: Meiden Sie die Touristik-Regionen in Südtirol und rund um den Gardasee, dort finden sie meist nur Verbotsschilder. Bleiben Sie lieber in dem weniger überlaufenen Gebiet, in dem auch die Touren dieses Bandes liegen.

Absichtlich haben wir darauf verzichtet, die bekannten Offroad-Klassiker mit in diesen Touren-Führer aufzunehmen: Denn entweder sind diese Strecken bereits gesperrt oder sie sind so überlaufen, dass es keinen Spaß mehr macht, dort zu fahren.

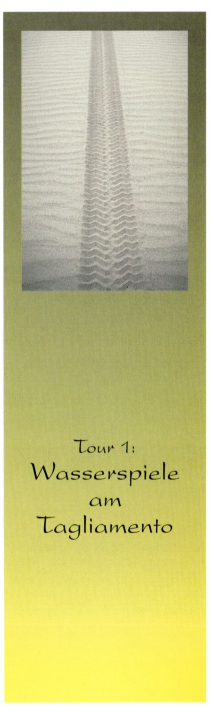

Tour 1:
Wasserspiele am Tagliamento

Zwischen den Bergen im nordöstlichsten Zipfel Italiens und den beliebten Touristenstränden an der nördlichen Adria erstreckt sich der Tagliamento. Oben im Norden ein wilder Bergfluss, unten im Süden, kurz vor dem Meer, ein in sein künstliches Bachbett eingepferchter Kanal. Doch dazwischen, also in seinem Mittelteil, ist der Tagliamento ein Offroad-Paradies: Seine Hunderte von Meter breiten Kiesbänke locken uns herunter von der Autobahn und hinein ins Flussbett.

Schon oben auf der Autobahn, kurz nach der österreichisch-italienischen Grenze, läuft uns das Wasser im Mund zusammen. Unser Blick fällt von den waghalsig anmutenden Brückenkonstruktionen hinunter in ein Flussbett, wie es sich Offroader kaum schöner erträumen können. Zwischen den steilen Berghängen der ostitalienischen Alpen hat sich hunderte Meter tief der Tagliamento sein Bett in den Fels gegraben. Unten sehen wir einige italienische Endurofahrer von einer Sandbank zur nächsten rauschen, und jedesmal wenn sie den Bachlauf kreuzen, stiebt links und rechts von ihren Geländemaschinen eine meterhohe Gischt empor.

Doch für uns, mit den viel breiteren Geländewagen, ist der Flusslauf hier im oberen Abschnitt des Tagliamento noch zu schmal. Uns zieht es deshalb einige Kilometer weiter Richtung Süden – grob gesagt, bis in die Höhe von Udine.

AN DEN ENDUROS SPRITZT DIE GISCHT HOCH

Schon ein paar Kilometer später erreichen wir auf der A 23 die Ausfahrt Gemona. Jetzt runter von der fahrerischen Tristesse des breiten Asphaltbandes. Erst einmal ist beim Verlassen der Autobahn die Mautgebühr zu löhnen. Nicht viel, nur ein paar Euro, die auch noch per Kreditkarte bezahlt werden können – so spart man sich die Sucherei nach Kleingeld, oder ewige Wechselprozeduren.

Von nun an geht es über breit ausgebaute italienische Landstraßen, parallel zur Autobahn, Richtung Süden nach San Daniele del Friuli. Probleme, den rechten Weg zu finden, gibt es nicht, da der Ort über die ganze

Wer seine Augen offen hält, entdeckt am Wegesrand die Schönheiten der Natur.

Wasserdurchfahrten ohne Ende bietet die Tour im Tagliamento (oben). Den Zeichen der kriegerischen Vergangenheit dieser Region werden wir noch öfter begegnen (rechts).

Strecke hinweg gut ausgeschildert ist. Wer nicht noch in Österreich getankt hat, der sollte dies jetzt nachholen, denn es ist nicht mehr weit, bis wir alle Straßen verlassen und ins Flussbett einbiegen. Auch an das leibliche Wohl sollte man jetzt noch denken: Getränke und eine kleine Jause an Bord können nicht schaden.

Wenn Sie ein wenig Zeit haben – und Sie sollten sich Zeit nehmen – dann verlassen Sie in San Daniele die Umgehungsstraße und fahren ins Orts-

Die Zufahrt zum Flussbett führt über Feldwege durch landwirtschaftliche Nutzflächen.

zentrum. Dort steht das Casa del Prosciutto – ein kleines, urwüchsiges Lokal, dessen lukullischer Reiz nur in einem begründet liegt: Im Schinken dieser Region (siehe Kasten auf der nächsten Doppelseite).

Schon am Eingang hängen riesige Prosciuttostücke adrett angeordnet und verbreiten den Duft, der uns augenblicklich hungrig werden lässt. Wir setzen uns an einen der urwüchsigen Tische und folgen den Empfehlungen der Wirtin. Hauchdünn auf-

Prosciutto – der Stolz dieser Region

geschnitten wird eine Platte des auf vorzügliche Weise haltbar gemachten Schweinefleisches serviert. Dazu selbst eingelegtes Gemüse, frisches Weißbrot und ein leichter Weißwein, zumindest für die Beifahrer. Außerhalb der Tischzeiten verkauft die Wirtin den aufgeschnittenen Schinken auch über die Theke – für die Brotzeit unterwegs.

So gestärkt nehmen wir den Tagliamento in Angriff. Auf dem Weg von San Daniele del Friuli nach Pinzano al Tagliamento überqueren wir das Flussbett auf einer Brücke, die uns erstmals einen Einblick auf das Bevorstehende gibt. Gegenüber an der Felswand hängt wie ein Schwalbennest ein kleiner Bunker mit Schießscharten – er wird nicht der einzige Hinweis auf die kriegerische Vergangenheit dieser Region zu Beginn unseres Jahrhunderts bleiben.

In Pinzano fahren wir in Richtung Ortsmitte und biegen gegenüber dem Haus Nr. 52 in eine kleine Teerstraße ein. Hier findet sich ein letzter Supermarkt, in dem wir uns mit allem Nötigen versorgen. Zuerst geht es noch rund einen Kilometer weit durch die Ortschaft bis zum Friedhof der kleinen Gemeinde. Hier endet die Teerstraße, und auf den nächsten

1,5 Kilometern folgen wir einem Feldweg über ausgedehnte, landwirtschaftlich genutzte Felder.

Dann endlich sind wir am Ziel: Das Flussbett des Tagliamento liegt vor uns. Hunderte von Meter breit und mit grobem Schotter bedeckt. Jetzt im Hochsommer sucht sich der Fluss in kleinen Rinnsalen und in großen Bächen seinen Weg. Dazwischen immer wieder ausgedehnte Kiesbänke und mit Büschen bewachsene Inseln. Dieses Flussbett kann allerdings täglich sein Erscheinungsbild ändern: Heftige Regenfälle in den Bergen lassen den, in seinem scheinbar viel zu großen Flussbett friedlich dahinplätschernden Bach zu einem reißenden Strom werden. Eine lang anhaltende Schönwetterperiode trocknet ihn dagegen größtenteils aus. Auch jahreszeitliche Unterschiede lassen Prognosen zum Ratespiel werden. Wann setzt beispielsweise die Schneeschmelze ein, die den Tagliamento mit Wasser im Überfluss versorgt? Das weiß man im Vorfeld nie, deshalb sind die gerade herrschenden Witterungsfaktoren bei der Reiseplanung individuell zu berücksichtigen.

Da der Wasserstand, trotz des momentan nicht gerade berauschenden Wetters relativ niedrig ist, entschließen wir uns, die 25 Kilometer Luftlinie lange Tour Richtung Süden,

VOLLE KONZENTRATION: 25 KILOMETER IM FLUSSBETT

bis zur Straßenbrücke der Nationalstraße 13 von Udine nach Pordenone, in Angriff zu nehmen.

Obwohl der Untergrund relativ fest ist, erweist es sich als unumgänglich, die Tour mit mindestens zwei Fahrzeugen anzugehen. Zu leicht unter-

Nein, er wird es nicht schaffen. Nur die Winch rettet ihn aus dieser Situation.

Prosciutto, der Stolz von San Daniele

Was den Schweizern der Appenzeller ist, und den Bayern das Bier, das ist den Friaulern ihr Prosciutto. Ein feiner, getrockneter Schinken, der kaum anderswo mit solch liebevoller Hingabe behandelt und mit mehr urwüchsigem Charme kredenzt wird, als in der Region rund um San Daniele. Wir besuchen das Casa del Prosciutto im Ortszentrum von San Daniele del Friuli. Wer hier den Empfehlungen der Wirtin folgt, erlebt eine regionale Gaumenfreude der Extraklasse. Direkt vom großen Schlegel hauchdünn abgeschnittener Schinken, der auf der Zunge zergeht. Dazu ein leichter Weißwein, frisches Brot und eingelegtes Gemüse. Die Zeit, dem Casa del Prosciutto oder einer anderen Restauration, in der der Prosciutto mit Liebe kredenzt wird, einen Besuch abzustatten, sollte man sich wirklich nehmen.

schätzt man die Tiefe einer Furt und schon besteht die Gefahr, dass man aus eigener Kraft hier nicht mehr herauskommt.

Wir bleiben auf der gesamten Strecke im Flussbett, und hangeln uns von Insel zu Insel, durchqueren dabei die verschiedenen Wasserläufe des Tagliamento dutzende Male. Immer wieder sehen wir dabei schwer beladene Kieslaster, die ihre Fracht aus den Steinbrüchen am Rande des Flußbetts holen. Der Tagliamento ist in diesem Bereich kein Biotop, sondern eine industriell stark genutzte Region. Was ja auch von Vorteil ist, schließlich wollen wir hier reinen Gewissens im Gelände fahren und nicht durch die Botanik heizen.

Trotzdem, es finden sich auch viele idyllische Fleckchen hier im Flussbett, die zum Verweilen einladen. Auf einer Sandbank schlagen wir unser kleines Camp auf und gönnen uns eine Pause. Schwemmholz findet sich hier reichlich und so ist schnell ein Lagerfeuer entfacht – wenngleich wir es aus Bequemlichkeit vorziehen, unseren Kaffee ganz unromantisch auf dem Campingkocher zu brauen. Doch da wir die gesamte zwanzig Kilometer Luftlinie lange Strecke heute noch fahren wollen, müssen wir uns beeilen.

Bei früheren Besuchen am Tagliamento haben wir hier im Flussbett auch im Zelt übernachtet und daraus gelernt. Vor ein paar Jahren stieg nämlich der Wasserstand über Nacht dramatisch an. Und als wir am Morgen schlaftrunken aus den Zelten gekrochen sind, hat uns fast der Schlag getroffen: Wo wir gestern noch beim Einfahren auf unseren „Campingplatz" gerade mal die Reifen nass gemacht haben, war über Nacht ein reißender Strom entstanden. Langer Rede, kurzer Sinn: Wir saßen in der

Rund um Udine

Udine ist offensichtlich eine wohlhabende Stadt, deren rund 100.000 Bewohner nicht gerade den Eindruck von Hektik verbreiten. Im Zentrum findet sich eine gelungene Symbiose von bedeutenden Bauten der Gotik und Renaissance mit modernen Geschäften, die zum Einkaufsbummel geradezu einladen.

Bereits im Jahr 983 wird Udine erstmals urkundlich erwähnt. Der bedeutende wirtschaftliche Aufstieg beginnt jedoch erst rund einhundert Jahre später, als 1096 Kreuzfahrer unter Raimund von Toulouse durch die Stadt ziehen. Weitere Kreuzfahrer folgen und bringen Beutegut und fremde Währungen mit, die gewechselt werden müssen. So entwickelt sich in der Stadt ein bedeutendes Bankenwesen, dem wir noch heute italienische Begriffe wie Lombard oder Giro verdanken. Im Jahre 1420 zog der venezianische Löwe ein und blieb in der Stadt bis zum Frieden von Campofórmio 1797, als die Österreicher das Regiment übernahmen. Deren Herrschaft endete am 24. Juli 1866, als ganz Friaul und damit auch Udine dem neuen italienischen Königreich eingegliedert wurde. Im Ersten Weltkrieg erschienen 1917 nach dem erfolgreichen Durchbruch von Flitsch-Tolmein noch einmal die Österreicher, die die Stadt erst im November 1918 wieder verließen.

Heute profitiert die kleine Provinzhauptstadt von ihrer günstigen Lage (nur 50 Kilometer zum Meer und 100 Kilometer nach Österreich). Berühmt ist die Region von Udine für ihre Möbelfabriken, die vor allem Stühle herstellen. Ein nettes Zahlenspiel am Rande: In Udine werden drei von vier in Italien produzierten Stühlen gefertigt.

Die verkehrsberuhigte Innenstadt wirkt mit ihren sanft dahinplätschernden Kanälen sehr freundlich. Man geht den täglichen Geschäften nach, ohne dabei den Eindruck besonderer Hektik zu erwecken. Touristen bewundern das Rathaus (Loggia del Lionello) im Renaisance-Stil auf der Piazza della Libertá oder den gegenüberliegenden Uhrenturm, dessen Zeitmesser an der Spitze wie in Venedig von zwei Mohren aus Bronze geschlagen wird. In der benachbarten Kapelle San Giovanni gedenkt man der vielen Kriegsgefallenen. Dazwischen thronen auf Säulen zwei Muskelmänner aus Marmor, die Herkules und Cacus darstellen. (Letzterer stahl Herkules eine Rinderherde und wurde deshalb erschlagen.) Weiterhin finden sich zwei Statuen auf dem Platz: Die eine stellt Justitia als Symbol für Gerechtigkeit dar, die andere verkörpert eine Friedensgöttin im neoklassischen Stil. Sie soll an den Frieden von Campofórmio und an den österreichischen Kaiser Franz I. erinnern, der sie einst der Stadt Udine schenkte.

Kunstfreunde sollten nicht versäumen, im Palast des Erzbischofes die ausdrucksvollen Fresken von Gianbattista Tiepolo zu bewundern, die Szenen aus dem alten Testament zeigen. Wer etwas Zeit hat, kann einen Ausflug ins nahegelegene Gorizia machen und dort einen der bekannten Collio-Weine verkosten.

Feldwege bieten auf der ganzen Strecke Möglichkeiten die Tour vorzeitig abzubrechen.

Falle. Mit vereinten Kräften sind wir zwar wieder frei gekommen, aber eines haben wir gelernt: Seitdem Campen wir – wenn überhaupt – nurmehr in unmittelbarer Ufernähe und parken die Geländewagen über Nacht außerhalb des Flussbetts. Denn eine verlorene Campingausrüstung ist bitter, aber ein Geländewagen, der von der Flut mitgerissen wird, ist ein Drama. Nicht nur wegen des finanziellen Verlustes, sondern auch wegen der drohenden Umweltschäden, wenn Benzin und Öl auslaufen.

Noch ein Wort zum Thema Umweltschutz. Selbstverständlich verlassen wir unsere Lagerplätze so, wie wir sie vorgefunden haben. Doch Wasser ist darüber hinaus ein besonders sensibler Bereich, was das Fahren mit jeder Art von motorisierten Gefährten betrifft: Egal ob Geländewagen oder Enduros. Schon die geringsten Mengen Öl oder Benzin verschmutzen tausende von Liter Wasser dauerhaft. Deshalb nehmen wir generell keine Offroader mit, die Öl sabbern. Darüber hinaus machen wir es nicht so manchem Einheimischen nach, der den Fluss als preiswerte Auto- oder Motorradwaschanlage ansieht. Bevor wir ins Gelände fahren und ganz beson-

Umweltschutz ist auch für uns Offroader ein Thema

ders bevor wir in ein Flussbett einfahren, werden die Geländewagen gewaschen. Vor allem auch der Unterboden auf dem sich zwangsläufig immer wieder Schmiermittel-Rückstände befinden. Auch in Italien gibt es schließlich an den Tankstellen Dampfstrahler und Autowaschanlagen. Sie zu benutzen gebietet uns der Anstand gegenüber unseren Gastgebern.

Von Insel zu Insel fahrend kämpfen wir uns so langsam vorwärts. Oft entpuppt sich der eingeschlagene Weg als Sackgasse, da uns wieder einmal ein Flussarm durch seine unüberwindbare Tiefe die Weiterfahrt versperrt. Also wieder zurück und einen anderen Weg

Von Kiesbank zu Kiesbank hangeln wir uns Richtung Süden (oben).

Markanter Wegpunkt: Die Kapelle am Friedhof von Pinzano (links).

suchen. Verlässliche Kilometerangaben über die zurückgelegte Strecke sind deshalb ebensowenig möglich, wie eine konkrete Wegbeschreibung. So vergeht der ganze Tag, ehe wir die Brücke der Nationalstraße 13 erreichen, die zwischen Udine und Pordenone den Tagliamento überspannt. Hier beenden wir unsere Tour, da weiter südlich die landwirtschaftlichen Nutzflächen bis ins Flussbett reichen und ein Weiterkommen nur unter Missachtung der berechtigten Interessen der Bauern möglich wäre.

Wem die ganze Tour jedoch zu lange ist, oder wenn der Wasserstand ein Weiterkommen unmöglich macht, dann befinden sich über die gesamte Strecke verteilt immer wieder Wege, die bis ans Flussbett heranreichen und so jederzeit einen früheren Ausstieg aus der Tagliamento Tour möglich machen.

Die nächsten 3 Ausgaben zum Kennenlernpreis von 9,15 €.

Wer auf Tour geht, kann was erleben. Und wer als Abonnent mit tours auf Tour geht, erfährt von diesen Erlebnissen aus erster Hand. Zu einem erstklassigen Preis. Bitte Coupon ausschneiden und schicken an:

tours-Leserservice
Postfach 1452
56195 Höhr-Grenzhausen

Abenteuer rund um die Welt

TOURS

Die **tours-Vertrauensgarantie** ermöglicht es mir, die Vereinbarung innerhalb von 2 Wochen durch eine kurze Mitteilung an den tours-Leserservice, Postfach 1452, 56195 Höhr-Grenzhausen zu widerrufen.

Coupon: Ich will tours, das abenteuer-magazin, im Mini-Abo kennenlernen und bestelle deshalb die nächsten 3 Ausgaben zum Kennenlernpreis von nur 9,15 € (Ausland 10,65 €). Wenn ich 4 Wochen vor Ablauf des Abonnements nichts von mir hören lasse, will ich tours, das abenteuermagazin, weiterhin zweimonatlich zum vorteilhaften Abonnementpreis von 23,40 € jährlich (statt 27,60 €) beziehen (Ausland 26,40 €). Porto und Zustellgebühren sind in diesen Preisen enthalten. Das Abonnement kann jederzeit gekündigt werden.

Garantie:
Diese Bestellung kann ich innerhalb von 14 Tagen widerrufen. Eine Mitteilung an den tours-Leserservice, Postfach 1452, 56195 Höhr-Grenzhausen genügt.

Name, Vorname

Straße, Hausnummer

PLZ, Ort

Datum, Unterschrift

Tour 2: Enzianwiesen am Monte Crostis

Es ist schon spät am Nachmittag, als wir die Tour hinauf zu den Almen des 2251 Meter hohen Monte Crostis in Angriff nehmen. Die inzwischen flach stehende Sonne taucht die Hochflächen in ein weiches, warmes Licht. Das sind die Momente, die unser Bild der italienischen Alpen prägen und unsere Sehnsucht immer wieder schüren: Ein tiefblauer Himmel wacht über sattgrüne Weiden und das Panorama in die Unendlichkeit der Bergketten hat schon fast eine meditative Wirkung.

Den Plöckenpass kennt fast jeder, ist er doch einer der wichtigeren Übergänge zwischen Österreich und den östlichen Regionen der italienischen Alpen. Und dieser Pso. di M. Croce Cárnico – so heißt er auf italienisch – ist Luftlinie gerade mal fünf Kilometer in nord-östlicher Richtung vom Monte Crostis entfernt. So viel zur Groborientierung, wo wir uns gerade aufhalten.

Die kleine Ortschaft Comegliàns dagegen kennt wohl kaum einer. Was ja eigentlich nicht viel ausmachen würde, hätten wir hier nicht den einzigen markanten Punkt weit und breit gefunden, und der muss natürlich als Ausgangspunkt für's Roadbook herhalten: Es ist die Straßenkreuzung der SS 465 und der SS 355 an der sich ein auffälliger Obelisk mit Frauen-Statuen befindet.

Wer von Österreich über Kötschach-Mauthen und den Plöckenpass fährt, biegt bei Paluzza Richtung Westen ab und erreicht Comegliàns über die

Schmal windet sich der Weg über Almen.

Die Piste schmiegt sich am Berg entlang, quer über die ganze Hochalm.

SS 465. Wir aber kommen über die Autobahn A 23 (Villach-Udine) und fahren bei Tolmezzo ab. Richtung Westen geht es auf der Hauptstraße Nr. 52 an der Stadt vorbei, weiter Richtung Villa Santina. Hier zweigt nach Norden die SS 355 ab, über die wir – rund 20 Kilometer nach Tolmezzo – die Ortschaft Comeglians erreichen. Direkt am Ortseingang liegt die Straßengabelung mit dem Obelisk an der das Roadbook beginnt.

Die Rinder erfreuen sich hier noch einer artgerechten Haltung.

Ein Bild sagt mehr als tausend Worte: Das Panorama auf die umliegenden Gipfel hat fast schon meditative Wirkung.

Wir halten uns links, bleiben auf der SS 355 und kommen einen halben Kilometer später an einer Agip-Tankstelle vorbei. Nochmals einen knappen Kilometer später geht es nach rechts von der Hauptstraße ab, Wegweisung „Tualis, Noieretto und Mieli", das ist unser Einstieg in die Tour!

Die Teerstraße hoch nach Noiretto ist ziemlich schmal. Deshalb gilt hier immer dann, wenn ein Linien- oder Schulbus fahrplanmäßig unterwegs ist, eine Einbahnregelung. Zu bestimmten Uhrzeiten wird die Strecke bergauf immer wieder kurzfristig gesperrt, damit der öffentliche Personennahverkehr nicht zum Erliegen kommt. Das entsprechende Verkehrsschild mit den Zeiten, zu denen diese Verkehrsregelung gilt, findet sich gleich nach der Kreuzung auf Roadbook-Bild 4.

Langsam schlängeln wir uns die enge Bergstraße hoch bis zur Ortschaft

DICHT AN DICHT GEDRÄNGT STEHEN DIE ALTEN STEINHÄUSE

Noiretto, wo wir direkt am Bushäuschen links abbiegen. Und jetzt wird der Weg erst richtig schmal. Dicht an dicht gedrängt stehen die alten Steinhäuser, dazwischen gerade mal Platz für ein Ochsen-Fuhrwerk – wer hätte

Entlang des Weges (oben) bieten mehrfach Almen ihre ...

... Köstlichkeiten aus eigener Produktion an (links).

auch schon in den vergangenen Jahrhunderten die Verkehrsentwicklung voraus ahnen sollen? So lange uns aber kein anderes Fahrzeug entgegenkommt ist die Fahrt unproblematisch, zumindest mit einem normalen Geländewagen – für Pickups mit Wohnaufbauten oder noch größere Offroader ist es hier vermutlich zu eng.

Langsam aber sicher lassen wir die letzten Häuser von Noieretto hinter uns und tauchen ein in einen dichten Bergwald. Auf den nächsten rund elf Kilometern führt uns die gut erhaltene Teerstraße immer weiter den Berg hinauf. Dann ändert sich die Landschaft abrupt: Wir haben jetzt die Baumgrenze hinter uns gelassen und fahren auf eine riesige Hochalm in rund 1900 Meter Höhe.

Am Hang entlang sucht die Straße nun ihren Weg. Bis zu den ersten Almen mit den in den Berg geduckten Wohnhäusern und Ställen (wo man

31

In rund 1900 Metern Höhe lassen wir die Baumgrenze hinter uns.

sich mit frischem Bergkäse versorgen kann) ist sie noch geteert. Doch dann erwartet uns eine Schotterpiste, schmal und Schwindel erregend in den Bergrücken geschlagen.

Aber diese Tour am Monte Crostis auf das Befahren eines Schotterpasses zu reduzieren, würde ihr in keinster Weise gerecht werden. Jetzt im Frühjahr blühen direkt neben dem Weg ganze

Eng schmiegen die Almen sich an den Berg, dessen Schutz sie suchen.

Am Gipfel quert der Weg den Bergrücken – und führt hinunter ins nächste Tal.

Teppiche von Enzianen und dazwischen freuen sich glückliche Kühe ihrer artgerechten Haltung. Außer ein paar Hirten, die bedächtig ihrem Tagwerk nachgehen, ist weit und breit kein Mensch zu sehen. Und diese Idylle ist eingebettet in die Kulisse dieser famosen Landschaft. Wir können uns nicht satt sehen. Doch eine Warnung darf nicht unausgesprochen

Die letzte Abendsonne taucht die Berge in weiches Licht.

bleiben: Meiden Sie den Monte Crostis am Wochenende – denn auch die Italiener wissen um die Schönheit dieses Ausflugszieles. Und da die Teerstraße bis direkt an die Hochebene herauf führt, ist die Alm zu diesen Zeiten – ehrlich gesagt – nicht mehr als ein überfüllter und geschäftig-lauter Parkplatz. Doch jetzt unter der Woche stört uns keiner, die Schotterpiste haben wir für uns alleine.

Nachdem wir in einem großen Bogen das Hochplateau umrundet haben, überquert die Piste den Berggrat und führt auf der anderen Seite wieder hinab. Bei Roadbook-Kilometer 23,6 hat uns dann die Teerstraße wieder. Doch lohnt an dieser Stelle ein kurzer Halt, zumindest dann, wenn man mit dem Nachwuchs unterwegs ist. Erstens können hier die jungen Passagiere die Ruine erkunden und dahinter versteckt verbirgt sich dann noch eine Höhle – so kommen auf dieser Tour wohl alle auf ihre Kosten.

Abenteuerspielplatz für den Nachwuchs (oben). Bei der Begegnung mit Mountainbikern (links) oder Wanderern ist Rücksicht geboten, schließlich wollen wir alle die Natur auf unsere Weise genießen.

Tour 3: Meduna – die Trockene

Ganz anders als der Tagliamento oder die Piave, zeigt sich das dritte Flussbett, das wir befahren: Die Meduna ist staubtrocken. So dient sie uns als Abwechslung auf unseren Touren. Aber auch die Großen des Geländewagen-Rennsports haben dieses Schotter-Eldorado entdeckt: Sie treffen sich hier jedes Jahr, um bei der Baja Italia gegeneinander anzutreten.

Die Meduna ist neben dem Tagliamento der zweite Fluss im riesigen Schotter-Dreieck, das sich zwischen den Karnischen Alpen im Norden, Udine im Osten und Pordenone im Südwesten erstreckt. Und doch ist jeder der drei Flüsse, die wir hier in der Region unter die Räder nehmen – auch die Piave liegt ganz in der Nähe – anders in seinem Charakter. Der Tagliamento hält auf dutzenden von Kilometern alle Reize bereit, die das Fahren in einer Überschwemmungslandschaft nur bieten kann: Tiefe und seichte Furten wechseln sich ab mit Schotterinseln und Sandbänken. Die weiter westlich gelegene Piave ist in den Ausmaßen ihres Flussbetts kleiner, mehr ein Spielplatz zum Insel-

Palma Nova

Aus der Vogelperspektive entspricht der Grundriss von Palma Nova einem großen neunzackigen Stern, im Zentrum ein sechseckiger Platz. So sehen keine gewachsenen Städte aus, und in der Tat ist Palma Nova eine ausgeklügelte Reißbrettkonstruktion.
Als im Jahr 1500 die Festung Görz (das heutige Gorizia) in den Besitz der Habsburger kam, machte man sich in Venedig Sorgen um die eigene Machtstellung im Friaul. Als Antwort auf diese Herausforderung entstand 1593 gut 20 Kilometer westlich von Gorizia Palma Nova. Der Erbauer Graf Giulio Savorgnan plante eine Festungsstadt für 20 000 Einwohner, deren Architektur nach den militärischen Notwendigkeiten geplant war. Im ausgehenden 16. Jh. bedeutete dies einen sternförmigen Grundriss, ein System das rund 100 Jahre später von dem französischen Festungsbaumeister Vauban zur Perfektion gebracht wurde. Ihre militärische Standhaftigkeit mussten die Mauern und Wälle jedoch niemals unter Beweis stellen, weil ihre Bedeutung stets untergeordnet blieb. Es fanden sich nie mehr als 2000 Bewohner, die bereit waren, sich in der künstlichen Stadt niederzulassen. So dämmerte die Stadt bis zum Anmarsch der napoleonischen Truppen vor sich hin, der Stern Venedigs war schon längst gesunken. Napoleon ließ noch einen weiteren, äußeren Mauerring anlegen, um die Festung an die gesteigerte Leistungsfähigkeit der Artillerie anzupassen, doch glücklicherweise erschien nie ein Feind, der Palma Nova erobern wollte. So hat sich diese ungewöhnliche Architektur unbeschädigt bis in unsere Tage erhalten. Von der Piazza Grande im Zentrum, die heute etwas zu groß geraten wirkt, führen die Straßen kerzengerade zu den mächtigen Toren, dazwischen die fast vollständig begrünten Wälle, auf denen mittlerweile aber statt Wachposten Liebespaare wandeln. Palma Nova liegt unmittelbar an der Autostrada Udine-Triest und ein Besuch der heute eher verschlafenen als quirligen kleinen Stadt ist interessant und für Durchreisende kein großer Umweg.

Villa Manin

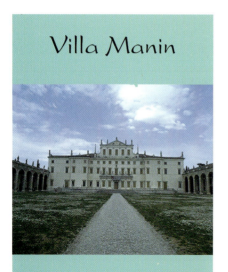

Im 16. Jh., also in der Blütezeit der Renaissance, war es bei den reichen Venezianern in Mode gekommen, sich prächtige Villen als Landsitze bauen zu lassen. Deren Stil wurde stark vom genialsten Architekten seiner Zeit, Andrea Palladio geprägt.

In dieser Tradition enstand gegen Ende des 17. Jh. die Villa Manin, die nicht im Veneto, sondern bei Passariano im heutigen Friaul liegt. Dabei griff der Architekt Domenico Rossi auf eine bauliche Idee von Palladio zurück, indem er den Villengarten durch zwei kreisförmig ausgreifende Flügel einfasste, ein Prinzip dem man in abgewandelter Form auch auf dem römischen Petersplatz begegnet. Prominentester Gast war Napoleon, der hier nach der Schlacht am Tagliamento die österreichische Delegation empfing, um einen Friedensvertrag zu unterzeichnen. Da er ursprünglich im nahen Campofórmio unterschrieben werden sollte, ging er in die Geschichte als Frieden von Campofórmio ein, müsste aber eigentlich Friede von Passariano heißen.

hüpfen. Allzuweit kommt man in ihr nicht – und das liegt vor allem an ihren Tücken: Unter dem fest und sicher scheinenden Schotter verbirgt sich an vielen Stellen bodenloser Schwemmsand, der unsere Geländewagen schon im knöcheltiefen Wasser restlos versinken lässt.

Noch einmal anders ist die Meduna: Ihr Wesensmerkmal ist die Trockenheit. Die allermeiste Zeit des Jahres dümpelt hier kaum einmal ein Rinnsal vor sich hin – und das in einem Kilometer breiten Flussbett. Entsprechend führen viele Pisten in ihr entlang: Staubige Strecken, die zum Schnellfahren animieren. Schon ein Blick auf die Karte zeigt das deutlich: Im Norden der Schotterebene – also südöstlich von Maniago – ist die Meduna noch als blauer Strich eingezeichnet, der dann Richtung Süden verschwindet und erst wieder östlich von Pordenone auftaucht. Dazwischen ist nicht viel mehr als der

DIE WEISSEN FLECKEN AUF DER LANDKARTE LOCKEN

sprichwörtliche weiße Fleck auf der Landkarte. Und genau dort zieht es uns natürlich hin.

Doch bevor wir uns diesem speziellen fahrerischen Reiz hingeben können, müssen wir erst einmal den Einstieg in die Meduna finden. Ausgangspunkt für die Anfahrt ist die Nationalstraße 13, die von Udine nach Pordenone führt – also die gleiche Straße, an der wir das Flussbett des Tagliamento verlassen haben. Wir fahren diese in westlicher Richtung und biegen kurz nach dem Ort Casera d. Delizia, an der Bar „Barbara" und Pizzeria „da Gildo" rechts Richtung Zoppola ab, dem Wegweiser Castions fol-

Typisch für die Meduna: Staubtrockene High-Speed-Pisten.

gend. So laufen wir nicht Gefahr, uns in Pordenone restlos zu verfransen. Wir nehmen also die kleine Straße Richtung Norden, die über S. Giórgo nach Spilimbergo führt und nicht die weiter westlich liegende, größere N. 251 (siehe Roadbook).

Nach gut sieben Kilometern und rund fünfzig Meter vor der Straßengabelung (geradeaus geht es nach Spilimbergo, halbrechts nach Valvasone), zweigt links eine neu gebaute Straße ab in die wir einbiegen (Wegweisung Sequals und SS 13 Pordenone). Gut einen Kilometer später fahren wir von

BEI HOCHWASSER IST DIE ZUFAHRT GESPERRT

dieser neuen, großen Hauptstraße schon wieder links ab, Richtung Cordenons. Ein paar hundert Meter später endet der Teer an einer Unterführung, die Schotterstraße bringt uns dann über den Damm, direkt ins Flussbett der Meduna. Doch sollte man das Verbotsschild an der Unterführung nicht übersehen: Die Zufahrt ins Flussbett ist gesperrt, wenn die Meduna Wasser führt und die Furt somit überschwemmt ist. Aber heute ist weit und breit nicht einmal eine Pfütze auszumachen und somit steht unserer Tour nichts mehr im Weg.

Gleich hinter dem Damm biegen wir von der Hauptpiste rechts ab um sozusagen über Nebenwege auf die Kiesbänke zu gelangen. Wer will, kann aber auch auf dem Hauptweg bleiben, der ja als Furt die Meduna durchquert und später von dort aus dem Flussbett off-the-road folgen.

Hier im südlichsten Teil unserer Meduna-Tour führt der Fluss öfters noch ein wenig Wasser, doch schnell verlieren sich die Bachläufe und wir sind in einem strohtrockenen Flussbett mit tiefem, aber griffigem Schotter. Schon bald treffen wir auf eine plattgefahrene, breite Piste. Jetzt können wir uns vorstellen, wie die Enduros, Buggys

Wer auf der Piste bleibt, dem kann so etwas nicht passieren. Auf der Schotter-Trasse ist der Untergrund nämlich fest, wer sich trotzdem eingräbt, tut dies schon vorsätzlich.

und Renn-Offroader bei der Baja Italia hier mit aberwitzigen Geschwindigkeiten entlang rasen – man spricht von Tempo zweihundert.

Wenngleich es uns schon ein wenig unter den Fingernägeln brennt, den Großen im Geländewagensport nachzueifern, so bleiben wir doch in einem vertretbaren Geschwindigkeitsbereich. Schließlich liegen hier riesige Steinkugeln wie Sand am Meer herum – und eine aufgeschlagene Ölwanne oder ein zertrümmertes Differentialgehäuse wollen wir dann doch nicht riskieren.

Trotzdem, es macht einfach Spaß, mit einer riesigen Staubwolke im Schlepptau hier herumzupesen – zumindest für den ersten in unserer kleinen Gruppe, denn der Hintermann bekommt natürlich den ganzen feinen Sand des Voranfahrenden ab: Abstand halten ist also oberstes Gebot. Gerät man aber doch mal versehentlich in die Staubfahne des Vordermanns, ist es angeraten, sofort abzubremsen und vernünftige Sichtverhältnisse abzuwarten. Denn der aufgewirbelte Staub wirkt auf die hinterherfahrenden Fahrzeuge sichtbehindernd wie eine dichte Nebelwand.

Doch noch eine zweite Gefahr lauert auf den Schotterwegen der Meduna: Zwei Teerstraßen durchqueren das

Baja Italia

Seit 1993 findet die Baja Italia im Schotterbett der Meduna statt – seit 1993 zählt sie zur Rallye-Raid-Weltmeisterschaft. In fünf Sonderprüfungen und auf einer Gesamtlänge von gut 600 Kilometern kämpfen Buggies und Geländewagen im ausgetrockneten Flussbett der Meduna um Weltmeisterschaftspunkte. Auch Motorräder nehmen an diesem Gelände-Wettbewerb teil, allerdings auf einer verkürzten Streckenführung.

Mit Tempo 200 pesen bei dieser international ausgeschriebenen Rennsportveranstaltung die Teilnehmer über die Schotterpisten – Sprünge und Abflüge sind so vorprogrammiert, für spektakuläre Unterhaltung ist also gesorgt

Neu im Jahr 2002 ist der Startpunkt in Sacile (westlich von Pordenone), das Finale findet wieder – und nun schon zum fünften Mal – am Strand von Bibione statt. Eine „Super-Speciale" durch den Sand und vor der Kulisse des Mittelmeeres ist der krönende Abschluss des Offroad-Spektakels.

Detaillierte Infos zur Baja Italia findet man im Internet unter: www.italianbaja.com.

Flussbett – und die haben natürlich Vorfahrt gegenüber der Piste. In etwa bei Roadbook-Kilometer 15 treffen wir auf die erste. Diese kündigt sich dadurch deutlich an, dass direkt an der Kreuzung Piste–Teerstraße eine kleine Kapelle mit Bäumen steht. Dieser Orientierungspunkt ist von weitem sichtbar und mahnt zu erhöhter Vorsicht.

Rund vier Kilometer später quert die zweite Hauptstraße die Piste. Sie ist erst spät zu erkennen, da hier markante, weithin sichtbare Landschaftspunkte fehlen. Und auf die Kilometerangaben im Roadbook ist nur sehr bedingt Verlass, da die Reifen im teilweise doch recht tiefen Schotter viel Schlupf haben und so der Kilometerzähler nur Zirka-Angaben liefert. Auch sind hier keine GPS-Daten möglich, da ja jeder Fahrer seine eigene Route im Flussbett sucht und somit auch jeder an einer anderen Stelle auf die Teerstraße trifft.

Doch einen Vorteil haben die beiden Hauptstraßen wenigstens: Wer nicht hinauf bis in die Region um Maniago im Schwemmland weiterfahren möchte, der findet hier zwei ideale Ausstiegspunkte aus der Meduna-Tour.

Wir jedoch bleiben noch für rund vier Kilometer im Flussbett, dem wir immer Richtung Norden folgen, bis das Tal enger wird und eine große, markante Bogenbrücke die Schotterfläche überspannt. Kurz davor fahren wir nach links zum Kieswerk und aus dem Meduna-Bett heraus. Hier müssen wir nur darauf achten, nicht in das Werksgelände hinein zu geraten, da die Zufahrt gesperrt ist. Vielmehr führt der Weg, der rechts am Kieswerk vorbei geht, hinauf zur Teer-

TROCKEN, STAUBIG UND RASANT SCHNELL

straße, auf die wir direkt am Ortseingang von Colle treffen. Ebenso finden wir auf der rechten Seite des inzwischen schmal gewordenen Schotterbetts eine Ausfahrmöglichkeit: Bei einem weithin sichtbaren kleinen Schlösschen.

Rund 25 Kilometer Highspeed-Schotter haben wir in der Meduna unter die Räder genommen. Dabei Pisten kennengelernt, die uns überzeugt haben, dass dieses Flussbett wirklich einzigartig ist: Trocken, staubig und verdammt schnell.

Hier ist besondere Vorsicht geboten: Zwei Teerstraßen kreuzen die Piste.

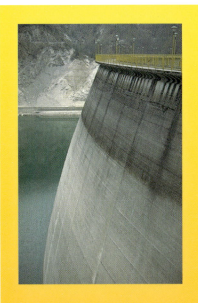

Tour 4:
Natur pur
am
Lago di Cà Selva

Eingebettet zwischen Zweitausendern liegt der Lago di Cà Selva; einer von drei Stauseen nördlich von Maniago. Schon die Zufahrt ist abenteuerlich, überquert man dabei doch seine Staumauer auf einer schmalen Trasse, an deren beiden Seiten es senkrecht nach unten geht. Doch danach taucht man ein in die Idylle einer verlassenen Bergwelt, abseits jeder Ortschaft – ja, hier stimmt der Spruch vom Fuchs und Hasen, die sich „Gute Nacht" sagen.

Wir verlassen Maniago in nordöstlicher Richtung und fahren auf der Hauptstraße nach Meduno. Rund fünf Kilometer nach dem Ortszentrum von Meduno auf der Nationalstraße 552, die nach Ampezzo führt, taucht links der Straße ein Stausee auf, der Lago d. Tramonti. Am Kraftwerk biegen wir links ab und folgen dem Wegweiser mit der Aufschrift „Chievolis 3 km". Chiévolis ist die letzte Ortschaft vor dem Beginn unserer Tour am Lago di Cà Selva – einem Staussee, der knapp zweihundert Höhenmeter weiter oben, eingebettet zwischen Zweitausendern liegt.

Rund siebeneinhalb Kilometer ist die Teerstraße lang, die uns hinauf in eine unberührte Bergwelt führt. Idyllisch hängt das Bergdorf Chiévolis wie ein Schwalbennest am steilen Felshang. Wir nähern uns der Ortschaft über eine kühne Brückenkonstruktion, von der aus der Blick auf den wage-

Mondlandschaft im Lago di Cà Selva.

mutigen Baustil besonders beeindruckend wirkt. Dahinter wird die Straße immer schmaler und entsprechend vorsichtig ist unser Fahrstil.
Nach unzähligen Kurven erreichen wir dann den Weiler Cà Selva – den Namensvetter des Stausees, den wir erkunden wollen. Zunächst einmal scheint die Straße jäh am Staudamm zu enden, doch der Schein trügt glücklicherweise.
Nach einigem Suchen entdecken wir, dass der Weg am Schleusenwärter-

Nichts für schwache Nerven:
Der schmale Weg führt in schwindelnder Höhe oben über die Staumauer.

häuschen vorbei, oben auf dem Staudamm hinüber zur anderen Talseite führt. Das ist nichts für schwache Nerven. Die Straße ist gerade einmal so breit wie ein Auto, daneben ein schmaler Fußweg und dann noch ein dünnes Geländer, das einen aus dem Tritt geratenen Fußgänger aufhält, aber mit Sicherheit keinen Gelände-

Hangrutsche erschweren gelegentlich den Weg am Südufer des Lago di Cà Selva.

wagen auf Irrwegen. Und hinter dem Geländer ist nichts, aber schon rein gar nichts außer gähnender Leere. Ich weiß nicht wie weit es da runter geht, aber es ist ziemlich weit! Wir ent-

Erst zu Fuss erschliesst sich die Grösse der Staumauer

schließen uns also dieses Meisterwerk der Ingenieurskunst erst einmal zu Fuß zu erkunden – und erst jetzt werden uns die wahren Dimensionen des Staudamms klar. Einen würdigenden Blick verdienen speziell die Steige außen an der Staumauer. Dort, so

wird uns erklärt, klettern die Spezialisten bei ihren Kontrollgängen in regelmäßigen Abständen entlang.
Froh darüber, dass mir dieser Job erspart geblieben ist, setze ich mich in meinen Offroader und fahre auf den Staudamm. Den Blick immer nach vorne auf die andere Bergseite gerichtet, denn irgendwann hat wohl jeder schon mal den guten Rat gehört, niemals nach unten zu sehen, wenn dort nur Leere gähnt – ich halte mich daran, denn schaden kann's ja nicht. Wie im Film zieht sich jetzt, mitten auf dem Staudamm auch noch der Himmel zu und Wolkenfetzen treiben über das Bergtal.

Die Dramaturgie stimmt und langsam, ganz langsam fahre ich auf die andere Talseite.
Dort führt der Weg immer an der Südseite des Stausees entlang, mal direkt am Ufer, ein andermal schneidet die Trasse eine Landzunge ab und führt quer durch den Wald. Während der allergrößte Teil der Piste einen naturbelassenen Untergrund hat, sind die besonders exponierten Stellen mit Asphalt oder Beton verstärkt, der aber nach kurzer Strecke wieder endet. So wird verhindert, dass an Steilstücken der Weg zu schnell ausgefahren wird und sich tiefe Spurrillen bilden. Speziell im Wald ist der natürliche Untergrund doch ziemlich weich und bei Nässe auch recht glitschig.
Überall am Wegesrand stehen die Ruinen ehemaliger Bergbauernhöfe und auch der Grund des Lago di Cà Selva, der momentan wieder einmal

WOLKENFETZEN TREIBEN ÜBER DAS BERGTAL

sehr wenig Wasser führt, ist übersät mit Steinruinen. Dazu kommt noch, dass die Bäume im Staubecken wohl alle irgendwann einmal abgebrannt worden sind: Ihre schwarzen Stämme stehen wie riesige Mikado-Stäbchen

Die Ruinen verfallener Gehöfte begegnen uns auf unserer Tour immer wieder.

Von Moosen und Flechten

Zu den typischen Waldbewohnern zählen die grünen Moose, die vor allem in schattigen Lagen gut gedeihen. Sie sind sehr anspruchslos, brauchen allerdings viel Feuchtigkeit. So spielen sie eine wichtige Rolle für den Wasserhaushalt der Wälder, da sie aufgrund ihres großen Wasserbindungsvermögens die Quellschüttung regulierend beeinflussen. Nur in abgelegenen Gebirgsgegenden sind Flechten zu finden, die aus unseren Städten bereits völlig verschwunden sind. Sie sind empfindlicher als man glaubt und benötigen zum Überleben sehr saubere Luft. Anders gesagt: Flechten sind ein zuverlässiger Indikator für gute Luftqualität. Mögen sie gelegentlich auch unscheinbar wirken, so verdienen sie doch besondere Vorsicht und Rücksichtnahme.

am trocken gelaufenen Seeufer. Die gesamte Szenerie wirkt auf uns ein wenig gespenstig: Eine verlassene Region, offensichtlich menschenfeindlich, seit dem der Staudamm das Tal überflutet hat – das düstere Wetter und die förmich spürbare Einsamkeit tragen ihren Teil zu dieser Stimmung bei. Aber andererseits wecken die Ruinen natürlich auch den Forscherdrang und so steigen wir zu einer von ihnen hinunter. Das Mutmaßen und Rätseln darüber, ob die vier Naturstein-Mauern einst Wohnhaus waren, Stallung oder vielleicht auch nur die Umzäunung eines Getreidefeldes oder Viehpferchs, regt die Phantasie an. Doch neben der Mondlandschaft im Staubecken erstreckt sich ein idyllischer Bergwald, der geradezu einlädt, hier seine Zelte aufzuschlagen und nach einer romantisch-schaurigen Nacht am nächsten Morgen die Gegend weiter zu erkunden. Hier bieten sich mehr Möglichkeiten, als nur der Piste zu folgen – das Abenteuer lockt in dieser menschenleeren Region.

Doch beschränken wir uns hier auf das Geländewagenfahren. Der Weg führt uns immer weiter am Südrand des Stausees entlang und wir müssen manchen Bergrutsch queren, der die Straße verschüttet hat. Besondere Vorsicht erfordern dabei die großen Steinblöcke an denen man sich leicht einen Kratzer in den Lack oder eine Delle ins Blech fahren kann. Ansonsten sind die Straßenverschüttungen problemlos zu meistern – eine Gefahr des Umkippens besteht nie. Und so schlängeln wir uns immer weiter am Südufer des Lago di Cà Selva entlang. Der Schotterweg ist schmal und gelegentlich mit größeren Felsen durchsetzt, doch wir kommen zügig voran. Irgendwann aber muss man wieder umkehren und zurück zum Aus-

Romantisch-schaurige Ruinen beflügeln unsere Phantasie.

gangspunkt – also zum Stauwehr. Wenngleich in unserer Karte am Ende des Tals ein Passübergang in 1432 Meter Meereshöhe eingezeichnet ist. Dieser würde uns hinüber führen ins Cellina-Tal, von wo aus wir auf die Landstraße N. 251 treffen würden. Doch schon der Höhenunterschied

Quer durch den Wald schneidet die Piste so manche Landzunge ab.

Bei Niedrigwasser zeigen sich am Grund des Stausees die Überreste von Gehöften.

macht die Schwierigkeiten des Versuchs deutlich. Der Lago di Cà Selva liegt in nur 500 Meter Meereshöhe – wir müssten also nochmals neunhundert Höhenmeter bis zur Passhöhe überwinden, und das ohne jeden Weg da hinauf, denn der endet hinten am Lago di Cà Selva – so sagt es wenig-

Faszinierende Technik: Die Schleusen am Damm.

Wer mag früher hier einmal gelebt haben? (oben)

Die Bergriesen sind über zweitausend Meter hoch. (links)

stens die Karte. Und außerdem, wie geht es auf der anderen Bergseite wieder herunter? Zu viele Fragezeichen also, um an ein Gelingen der Passüberquerung ernsthaft zu glauben. Doch versuchen kann man es ja einmal: Bis zur Furt bei Roadbook-Kilometer 15,2 ist der Weg problemlos zu fahren. Dann wuchert er immer weiter zu. Trotzdem, anders als in der Karte eingezeichnet, führt ein Weg am Ende des Staudamms weiter und zwar bergauf Richtung Passhöhe. Aber irgendwann drehen wir dann doch um – das dichte Gestrüpp setzt dem Lack unserer Offroader einfach zu sehr zu. Vielleicht versuchen wir es ja ein andermal wieder? Jetzt fahren wir erst einmal zurück zur N. 552, dem Startpunkt unserer Tour – und sind doch ein wenig bedrückt, ob der Auswirkungen des Staudammprojekts auf die Menschen, die hier einst ihre Heimat hatten. ■

OFF ROAD-Fahrer kommen weiter

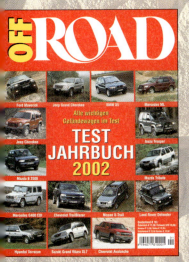

Starke Titel

Starke Themen

www.off-road.de
AC-Verlag
Alte Landstr. 21
85521 Ottobrunn

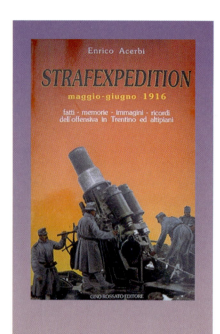

Tour 5:
Sette Comuni – Almidylle am Ort der großen Schlachten

Um das Städtchen Asiago erstreckt sich, gut erschlossen, aber dünn besiedelt, die Hochfläche der Sieben Gemeinden. Immer mehr Wanderer und Mountainbiker entdecken das Freizeitparadies zwischen idyllischen Almen. Wer weiß heute noch, dass im Ersten Weltkrieg heftige Kämpfe um den Besitz der Hochebene tobten? Wir begeben uns auf Spurensuche zu den stummen Zeugen und werden beim Fort Lisser fündig.

Die Brenta, an deren Ufern Valstagna (an der SS 47, nördlich von Bassano di Grappa) gelegen ist, bestimmt das Ortsbild. Eine Brücke verbindet, was der munter dahinplätschernde Fluss trennt, in den Gassen pulsiert das Leben. Keine stillosen Neubauten stören den Kern der Altstadt. Wer will, kann sich noch schnell ein Gelato oder eine Limo kaufen, bevor es hinauf geht zum Altopiano dei Sette Comuni, der Hochebene der Sieben Gemeinden.

In nicht enden wollenden Serpentinen zieht sich die Straße durch das Val Vecchia hoch nach Foza, das bereits in gut 1000 Meter Höhe liegt. Wir fahren zwar langsam und vorsichtig durch die Weiler, trotzdem dreht sich so mancher nach uns um, sicher kommen Fremde nicht jeden Tag hier vorbei. Jetzt geht es nach rechts in die SP 76 Richtung Nord-West und schon ein paar Kilometer später erreichen wir die kleine Ortschaft Lazzaretti.

HOCH HINAUF DER WÄLLE WEGEN

Vom Depot- und Kasernengebäude sind es nur noch ein paar hundert Meter zum Fort.

Nur wenige Wege schlängeln sich durch grüne Wiesen, auf denen weit verstreut kleine Almhütten liegen.

Gegenüber der Fina-Tankstelle, bei dem klerikalen Gedenkstein, biegen wir von der Hauptstraße ab – hier beginnt auch das Roadbook. Auf den ersten Metern gilt es vorsichtig zu fahren, da hier ein holzverarbeitender Betrieb angesiedelt ist. Rechts der Straße hat er sein Lager, links die Fabrik. Mit schwerem Gerät werden dann die riesigen Baumstämme über die Straße gewuchtet. Während dieser Arbeiten sind jedoch – zumindest als wir dort waren – Hinweis- oder Verbotsschilder aufgestellt: Zu diesen Zeiten sollte man die paar Meter um die Fabrik mit Rücksicht befahren und den Arbeitsmaschinen die Vorfahrt lassen. Jetzt liegen nochmals rund elf Kilometer einspurige Teerstraße vor uns, ehe wir oben auf der Alm in den Schotterweg hoch zum Fort abzweigen (Roadbook, Bild 10).

Nachdem wir den ersten Teil des Weges durch grünen Wald gepirscht sind, hört dieser kurz vor der Malga di Ronchetto (1330 m hoch gelegen) auf und gibt den Blick über die weite Hochfläche frei: Herrlich blühende Wiesen, gelegentlich Almhütten und immer wieder gescheckte Kühe.

Vollkommen anders muss es hier vor 85 Jahren ausgesehen haben. Durch eine Laune des Kriegsgottes Mars wurde diese Hochebene zum Schauplatz schrecklicher Kämpfe zwischen den Mittelmächten und den Alliierten, was der Hochfläche im Soldatenmund den wenig schmeichelhaften Beinamen „die sieben Gemeinheiten" eintrug. Zu besonders schweren Schlachten kam es während der österreichischen Maioffensive 1916, die in der italienischen Diktion auch „La Strafexpedition" genannt wird.

Um die schwer bedrängte Isonzo-Front zu entlasten, hatte das österreichische Armee-Oberkommando beschlossen, über die Hochfläche der Sieben Gemeinden nach Süden in Richtung Bassano zu stürmen und so den italienischen rechten Flügel abzuschneiden. Die Dimension dieser Operation wird ganz gut dadurch verdeutlicht, dass allein auf österreichi-

Seltene Begegnung: Unterhalb des Panzerwerks vom Monte Lisser treffen wir einen russischen Rustikal-Offroader UAZ 31512, der seinem Besitzer hier offensichtlich gute Dienste leistet.

scher Seite einhunderttausend Tonnen Munition für den Angriff bereitgestellt worden waren.

Nachdenklich rollen wir durch den Wald unterhalb des Cima Chempele auf den Monte Lisser zu. Über der

DER PULVERQUALM HAT SICH VERZOGEN

Waldgrenze taucht bald unser Ziel auf. Nur geübte Augen können jetzt schon ein Fort erkennen, da dieses überwiegend unterirdisch angelegt wurde. Ein staubiger Feldweg, der Rest der alten Armierungsstraße, führt uns zum 1600 Meter hohen Gipfel. Nach einer letzten Haarnadelkurve liegen die grauen Mauern des alten Panzerwerks dann vor uns. Da der Kehlgraben an der Rückseite mittlerweile verschüttet ist, lässt sich auch leicht ein Parkplatz finden.

Der Zugang zum Werkshof ist offen.

Das Gipfel-Panorama ist überwältigend. Unter ein paar kleinen weißen Wölkchen am strahlend blauen Himmel liegt der gesamte östliche Teil der Hochfläche der Sieben Gemeinden vor uns.

Nur an der Kehle (Rückseite) tauchen die Mauern aus dem Boden auf.

Wucherndes Grün verdeckt die Spuren der blutigen Vergangenheit.

STILLE ERINNERUNG AN UNHEILVOLLE ZEITEN

Zweifelsohne ist dieser Platz für ein Fort gut gewählt. Eine unbemerkte Annäherung von Nordwesten her scheint unmöglich; die Geschütze des Panzerwerks konnten den Raum bis zum Monte Cucco bestreichen und durch indirektes Feuer bis in das Valsugana wirken. Mit dem Bau war 1911 begonnen worden und wie bei Befestigungen dieser Zeit üblich, blieb der überwiegende Teil unterirdisch. Auf dem Dach kann man unschwer die Geschützschächte ausmachen, in denen die Hauptarmierung dieser Fernkampfanlage, vier 149 Millimeter-Kanonen untergebracht waren. Gegen steil einfallende Treffer wurden sie ursprünglich durch 180 mm starke Panzerkuppeln gesichert. Offensichtlich gingen die Erbauer auch von einer Bedrohung durch Infantrieangriffe aus, denn zur Nahverteidigung waren vier Maschinengewehre unter Panzern eingebaut. Weitere Maschinengewehrstände finden sich in der vorgelagerten Nahkampfanlage für stehende Schützen mit einer Beobachtungsstation. *(Fortsetzung S. 68)*

Eine Kirche gehört zu jedem der Dörfer, die sich hier an steile Hänge schmiegen.

Panzerforts –
Waffenstarrende Labyrinthe
unter grünen Hügeln

Zu Beginn des 20. Jahrhunderts erzwang die industrielle Revolution auch durchgreifende Änderungen bei der Militärarchitektur. Vermochte 1815 eine Vorderladerkanone eine Kugel von knapp 15 Kilo Gewicht über eine Entfernung von 2,7 Kilometern zu verschießen, so erzielten moderne Hinterlader 1914 mit gut 850 Kilo schweren Explosivgranaten immerhin Reichweiten von über 21 Kilometer.

Dies führte zum Bau von Sperrforts, die fast reine Artilleriefestungen waren. Dank der genauen Generalstabskarten und Feuerleitsysteme konnte jetzt sogar über dazwischenliegende Hügel oder bei Nacht gezielt gefeuert werden und so kontrollierten die Festungsgeschütze – zumindest theoretisch –

Oberirdische Mauern kann man meist nur an der Rückseite (Kehle) der Forts sehen, deren alte Batteriegänge heute ruhigen Vierbeinern als Zuflucht dienen. Im Bild: Fort Lisser oben und Forte Leone rechte Seite oben.

das Umland. Genau diese Aufgabe fiel den italienischen und österreichischen Sperrforts zu, die sich mit teilweise überlappenden Schussfeldern gegenseitig unterstützten und eine stabile Grenze bilden sollten.

Der weitaus größte Teil solcher Forts war unterirdisch angelegt, um vor gegnerischer Artillerie gefeit zu sein, lediglich die Geschütze mit den charakteristischen Panzerkuppeln, die sie vor steil einfallenden Granaten schützen sollten, ragten ins Freie. Ist ein solches Fort erst einmal von Gras und Büschen überwuchert, kann es kaum als Bauwerk wahrgenommen werden. Mauerwerk findet sich lediglich an der sogenannten Kehle, also der hinteren, dem Feind abgewandten Seite.

Die mehr oder weniger gut erhaltenen Ruinen vieler dieser Forts kann man noch heute auf der Hochebene der Sieben Gemeinden besuchen. So verhält es sich auch mit dem renovierten Panzerwerk von Cima di Campo (oder Forte Leone), mit dessen Bau 1910/11 begonnen wurde und das bei Kriegsausbruch bereits fertiggestellt war. Die Zufahrt erfolgt von der Ortschaft Arsie aus (an der Nationalstraße 50 südwestlich von Feltre gelegen) hoch zum Col Perrer, ab dort beschildert.

Bei Tour 7 zum Friedensweg lohnt ein Abstecher zum südlich gelegenen Forte Campolongo, das abenteuerlich in eine senkrechte Felswand gebaut ist. Obwohl die Zufahrt hinauf zur Festung nicht von einem Verbotsschild bewacht wird, sollte man seinen Offroader unten an der Teerstraße stehen lassen – oben gibt es kaum Platz zum Parken. Der Aufstieg erfolgt über einen gut ausgebauten Waldweg in einem halbstündigen Fußmarsch. Dabei die Augen offen halten: Kleine Trampelpfade führen während des Aufstiegs immer wieder zu Aussichtspunkten direkt oberhalb der Felswand.

Das Forte Campolongo (Mitte und unten) scheint an einer steilen Felswand zu kleben, man erreicht es von Tour 7 aus.

Den Blick vom Fort Lisser in Richtung Valsugana, können im Winter auch Skifahrer genießen

Neugierig werfen wir einen Blick ins Innere des alten Forts, das noch verhältnismäßig gut erhalten ist. Dennoch sollte man vorsichtig sein und keinesfalls in verborgene Gänge und Winkel kriechen! Teilweise können die Böden einzelner Räume durch Unterspülung einsturzgefährdet sein. Im Untergeschoss waren offensichtlich verschiedene Mannschaftsunterkünfte und ein Waschraum untergebracht. Hier liegen auch die Munitionsaufzüge, die die Granaten vom Pulvermagazin zur Batterie beförderten. Maschinenraum und Elektrozentrale befanden sich in dem ebenerdigen Gebäude, das in der rechten Flanke des Werkes vorspringt.

Obwohl das Werk von den Österreichern beschossen worden war, sind davon heute kaum noch Spuren zu sehen. Die schwersten Beschädigungen entstanden, als die eigene Besatzung das Fort im Frühjahr 1916 selbst sprengte, um es nicht in die Hände der vordringenden k.u.k. Verbände fallen zu lassen.

Heute kann man sich kaum noch den Kanonendonner und Pulverqualm vorstellen, so friedvoll ist die Gegend. Die Mauern des Panzerwerks wirken seltsam fremd, aus einer anderen Zeit. Fernkampfanlagen dieser Art spielen nicht erst seit dem Einsatz von Marschflugkörpern auf dem Schlachtfeld keine Rolle mehr. Aber sie halten die Erinnerung wach, dass friedliches Miteinander nicht selbstverständlich ist.

Bevor wir uns wieder auf den Weg ins Tal machen, werfen wir noch einen Blick in die Runde. Großes Erstaunen: Am Osthang der Festung hat man einen Skilift gebaut. Offensichtlich haben die Italiener mittlerweile ein unbeschwertes Verhältnis zu ihrer Militärarchitektur. ■

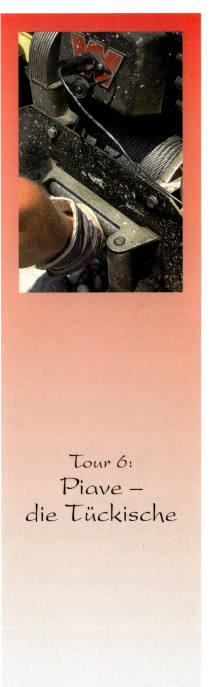

Tour 6:
Piave –
die Tückische

Knappe dreißig Kilometer westlich der großen Schotterebene, in der wir uns beim Befahren des Tagliamento und der Meduna aufgehalten haben, fließt die Piave in südlicher Richtung. Ihr Flussbett ist schmaler aber auch tückischer als das der beiden anderen Flüsse. Lange Touren zu fahren ist in der Piave kaum möglich. Aber als Offroad-Spielplatz bietet sie sich geradezu an: Ein tückischer Untergrund, tiefes Wasser und eine spürbare Strömung sind ihre besonderen Reize.

Wer von Belluno aus die N. 50 nach Süd-Westen, Richtung Feltre fährt, der kommt automatisch durch die Ortschaft S. Giustina. Viele Geschäfte und auch eine Tankstelle ziehen sich hier über Kilometer an der Hauptstraße entlang. In Ortsmitte verlassen wir in Höhe des Rathauses mit dem markanten Kriegerdenkmal davor, die N. 50 in Richtung Osten.

SCHNELL ERLEBEN WIR UNSER BLAUES WUNDER

Am Bahnhof vorbei und durch ein kleines Industriegebiet finden wir unseren Weg hinunter zur Piave. Bei der Einfahrt ins Flussbett müssen wir noch einige Weidezäune öffnen – und natürlich auch wieder schließen: Die mit Büschen bewachsenen Flussauen werden von den Bauern als Fiehweiden genutzt.

Hier, in der Höhe von S. Giustina ist das Flussbett der Piave am breitesten. Doch so imposant, wie das des Tagliamento ist es beileibe nicht. Dennoch erleben wir auf den ersten Metern unser blaues Wunder. Kaum knietief ist

Winchen wird im Flußbett der Piave zur Routine, so tückisch ist hier der Untergrund.

Was eigentlich spielerisch aussieht, kann schnell zum Problem werden. Der Patrol (oben) fährt sich ein paar Meter später fest; der Range Rover wühlt schon im bodenlosen Untergrund (rechts).

der Wasserlauf, der uns von einer kleinen Insel trennt, auf die wir fahren möchten. Und schon hängt der Patrol fest. Natürlich haben wir den Flusslauf vorher durchwatet, um festzustellen wie tief er ist, wie stark die Strömung reißt und wie es mit der Beschaffenheit des Untergrunds aussieht. Alle drei, für eine Flussdurchquerung relevanten Faktoren lassen auf ein problemloses Durchkommen hoffen. Doch Tatsache ist auch: Wir buddeln uns immer tiefer ein! *(Fortsetzung S. 76)*

Fluch der Technik: Der Staudamm von Longarone

Schon immer war es ein Traum der Menschheit, die Natur zu beherrschen, ihr den menschlichen Willen aufzuzwingen. Trotz moderner Technik ist diese menschliche Hybris aber zum Scheitern verurteilt. Ein schreckliches Beispiel dafür ist der Staudamm von Longarone.

Rund zwanzig Kilometer nördlich von Belluno liegt Longarone im Piave-Tal. Findige Wissenschaftler fanden heraus, dass sich ein Seitental hervorragend eignen würde, um mit einer Staumauer einen See zu stauen und in der Folge Strom zu erzeugen. Langsam nahm diese Idee Gestalt an: Zwischen 1941 und 1959 wuchs hier die höchste Bogen-Staumauer, die jemals von Menschenhand errichtet worden ist. Die Mauerkrone ragt immerhin 265 Meter hoch auf. Damit glaubte man, die Wassermassen gezähmt zu haben.

Es sollte anders kommen: Offenbar hatte niemand daran gedacht, dass die Flanken des Monte Toc, der südlich des Vaiont-Stausees liegt, durch das künstliche Gewässer allmählich unterspült werden könnte.

Am 9. Oktober 1963 war es soweit: Der Berg nahm grausame Rache an den Menschen: 250 Millionen Tonnen Felsgestein stürzten um 22 Uhr 45 in den Vaiont-Stausee! Das hatte furchtbare Folgen: Durch die Felsmassen wurde das Wasser aus dem Stausee verdrängt und schwappte über die Staumauer. Diese blieb trotz des ungeheuren Wasserdruckes unversehrt, ein Um-

stand, der die Leistung der Ingenieure ehrt. Trotzdem nahm das Verhängnis seinen Lauf: Die Wassermassen türmten sich 70 Meter (!) hoch auf und donnerten durch den engen Talschluss des Val Cellina. Eine gewaltige Lawine aus 48 Millionen Liter Wasser erreichte eine Spitzengeschwindigkeit von rund 96 km/h und riss alles fort, was sich ihr in den Weg stellte. Die Bewohner von Longarone und seiner Nachbargemeinden hatten kaum eine Chance, als die Flutwelle über sie kam. Binnen fünf schrecklicher Minuten fanden 2018 Menschen den Tod. Der Ort Longarone wurde völlig verwüstet.

Rund vierzig Jahre später ist davon natürlich wenig zu sehen. In Longarone fallen allenfalls die vielen, relativ neuen Häuser auf, die nach dem schrecklichen Unglück errichtet wurden. Es lohnt sich aber ein Besuch der Gedenkstätte hinter der alten Staumauer.

Über eine leicht zu findende Brücke gelangt man in Longarone ans östliche Ufer der Piave. Nach der Brücke folgt man links einem Wegweiser ins Val Cellina, biegt dann rechts Richtung Pordenone ab.

In engen Kurven schlängelt sich die schmale Straße bergan. Die Wände des Val Cellina rücken immer näher, es wandelt sich zur wilden Schlucht. An der engsten Stelle ragt die Staumauer auf, der Blick in die Tiefe ist schwindelerregend. Mit elegantem Schwung verbindet sie die Talwände und versprüht einen morbiden Charme. Doch wer die Staumauer von der Talseite her sehen möchte, der muss in den Straßentunnel hineinwandern und von einer der Luken im Fels hinaussehen. Dort im Tunnel findet sich auch eine Vierlzahl von Erinnerungstafeln, die dem Gedenken an die Opfer Ausdruck verleihen.

Kurios ist der Blick hinter die Mauer: Wo sich früher die Fluten stauten, liegen tonnenweise Felsen und Geröll – es gibt nichts mehr zu bestaunen. Mittlerweile wachsen Bäume, Büsche und Gras über der Geröllhalde, die mit dem Bewuchs schon fast natürlich aussieht. Die kleine Gedenkstätte sorgt dafür, dass die Katastrophe nicht vergessen wird.

Nach der Besichtigung kann man auf der kleinen Straße über den Passo di San Osvaldo nach Pordenone weiterfahren, sonst erfolgt die Rückkehr ins Piave-Tal auf dem selben Weg wie die Anfahrt.

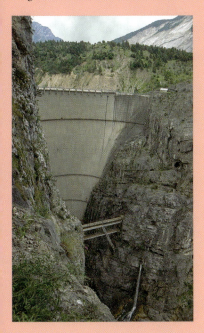

Die Kapelle (linke S.) hält die Erinnerung an die Katastrophennacht vom 9. Oktober 1963 fest, in der 2018 Menschen den Tod gefunden haben. Die Staumauer steht noch heute (links).

Geschafft: Endlich haben wir wieder festen Untergrund unter den Rädern.

Also die Geländeuntersetzung rein, Luftdruck in den Reifen um knapp 50 Prozent absenken, Zentral- und Achsdifferential sperren. Und jetzt fahren wir im ersten Geländegang los. Mit kurzer Untersetzung, viel Gas und wenig Geschwindigkeit, damit sich keine große Bugwelle aufbauen kann, geht es auf der erkundeten Route durch den Fluss – und nach wenigen Metern stecken wir schon wieder fest. Weder ein Fahrfehler, noch Nachlässigkeiten bei der Erkundung

DAS FLUSSBETT DER PIAVE IST VERDAMMT TÜCKISCH

waren der Grund für dieses Missgeschick. Vielmehr sind die dikken Wackersteine, die einen festen Flussgrund vorgaukelten, an dieser Stelle auf Schwemmsand gebettet. Sie hielten bei der Erkundung meinem bescheidenen Körpergewicht locker stand, aber unter den zwei Tonnen eines Geländewagens versinken sie haltlos im Schlamm.

Warum ich Ihnen eine so demoralisierende Geschichte in einem Geländewagen-Reiseführer erzähle, der ja Lust auf's Offroad-Fahren machen soll? Aus zwei Gründen: Erstens sollte man Flussdurchquerungen mindestens mit zwei Geländewagen und perfekter Bergeausrüstung angehen, wobei ein Geländewagen immer am Ufer steht, während der andere sich im Fluss bewegt, und diesen sichert. Und zum zweiten muss man sich immer vor Augen halten, dass ein Rest an Risiko bei jeder Flussdurchquerung nicht auszuschließen ist. Da darf man sich auch durch die beste Vorbereitung, überlegenen Allradantrieb und eventuell sogar vorhandenen Achssperren nicht in trügerischer Sicherheit wähnen.

Mit der Winch ist es natürlich kein Problem, den festgefahrenen Patrol wieder frei zu bekommen. So starten wir einen zweiten Versuch, im Flussbett der Piave weiter zu kommen.

Doch an welcher Stelle scheint eine Flussdurchquerung überhaupt erfolgversprechend, wo lohnt es sich also eine neue Erkundung durchzuführen? Wichtig zu wissen ist, dass die Beschaffenheit des Flussbetts und die der Wasseroberfläche eine Menge darüber verraten, was im Verborgenen lauert: Dort, wo der Fluss besonders schmal ist, da ist auch die Strömung stark und in der Folge wird der Fluss an dieser Stelle auch ziemlich tief sein. Schließlich wäscht die starke Strömung das Flussbett besonders stark aus. Mit Vorsicht zu genießen sind auch Flussbiegungen, da sich das Wasser an der Kurven-Außenseite besonders tief in den Untergrund eingräbt und gleichzeitig das Ufer hier in der Regel steil ansteigt.

Auch die Wasseroberfläche verrät eine Menge darüber, was sich unter ihr verbirgt. Dort, wo sich das Wasser an der Oberfläche gleichmäßig kräuselt, so wie direkt vor uns, wird der Fluss seicht bleiben. Wo das Wasser aber ruhig steht, dort ist vermutlich eine Vertiefung im Flussboden. Wo die Oberflächenstruktur unterbrochen scheint, an der Stelle verbirgt sich ein Hindernis: Die Wasserober-

Ein Offroad-Spielplatz der Superlative

fläche ist immer auch ein Abbild des Flussbodens – wer diese Signale zu lesen versteht, der weiß, wo sich eine nähere Erkundung lohnt.

Doch trotz Beherzigung aller Regeln buddeln wir uns immer wieder ein, bergen den Geländewagen erneut und das Spiel beginnt wieder von vorn. Ja, die Piave ist tückisch, doch gerade deshalb sind wir ja hier – auf diesem herrlichen Offroad-Spielplatz. ■

Immer nur mit einem Geländewagen ins unbekannte Terrain, der zweite sichert ihn.

Tour 7:
Der Friedensweg

Es ist schwer zu glauben, dass hier früher erbitterte Kämpfe geführt wurden.

Die Hochfläche der Sieben Gemeinden war im Ersten Weltkrieg Schauplatz zahlreicher Kämpfe. Als stumme Zeugen dieser kriegerischen Vergangenheit liegen hier noch etliche der ehemals so gefürchteten Festungen im Dornröschenschlaf. Doch inzwischen hat die Besinnung auf die Unsinnigkeit kriegerischer Auseinandersetzungen Einzug gehalten: Wir besuchen den Centiero de la Pace – den Friedensweg – auf der Altopiano dei Sette Comuni.

Nur ein paar Kilometer südöstlich der Provinzhauptstadt Trento, am Eingang zum Val Sugana, locken der Lago di Caldonazzo und sein kleinerer Bruder der Lago Levico mit Badefreuden und touristischer Infrastruktur: Campingpätze, Hotels und Restaurants finden sich an den beiden beliebten Badeseen in reicher Auswahl. Und so haben auch wir unsere Zelte in Levico Terme aufgeschlagen – dem Kurort am östlichen Ufer des gleichnamigen Sees – um von hier aus die westlichen Regionen der Sette Comuni zu erkunden. Oben auf der Hochebene der Sieben Gemeinden sieht es nämlich ziemlich düster aus mit Campingplätzen, und auch Hotels sind dort oben dünn gesät.

Genau so dünn gesät sind Zufahrten, die auf die Hochebene führen: Hier im Nord-Westen ist die Passstraße, die von Levico Terme, beziehungsweise von Caldonazzo aus hinauf auf den Monte Rovere führt, die letzte Mög-

Comuni gelangen kann. Dann gibt es im ganzen Val Sugana keine weitere Einstiegsmöglichkeit mehr, bis zur Abzweigung der Nationalstraße 50 (bzw. 50 bis), die nach Feltre führt. Dazwischen fallen die gut 2000 Meter hohen Bergriesen zu steil ins Val Sugana ab, um den Straßenbauern eine reelle Chance zu geben.

Doch auch die Passstraße SP 133 hinauf auf den Monte Rovere ist mehr als abenteuerlich und für so ziemlich alles gesperrt was größer ist als ein Geländewagen (max. 2,5 m Höhe). Dabei ist es egal, ob man den Weg von Caldonazzo aus in Angriff nimmt oder von Levico Terme – beide Straßen treffen sich nach wenigen Kilometern und erst dann wird es richtig spannend: Einspurig in den Felsen geschlagen, windet sich die Straße steil bergauf. Enge Tunnels und senkrechte Abstürze erfordern die volle Aufmerksamkeit des Fahrers und bei Gegenverkehr ist gar anhalten unbedingt angesagt. Für größere Fahrzeuge, wie Wohnmobile, bietet sich deshalb die Anfahrt über die weiter südlich liegende Nationalstraße 349 an – auf die trifft die SP 133 oben auf dem Monte Rovere ohnehin.

Aber auch unter dem Aspekt des Offroad-Fahrens ist die SS 349 von Bedeutung: Teilt sie als einzige größere Straße auf ihrem Weg hinüber nach Asiago doch die Hochebene der Sie-

IM SÜDEN FINDEN SICH VIELE SCHOTTERPISTEN

ben Gemeinden in zwei Hälften. Dabei sind die nördlich der SS 349 gelegenen Regionen das „Val Paradiso der Verbotstafeln", südlich der Hauptstraße finden sich dagegen viele Möglichkeiten, Schotterpisten unter die Räder zu nehmen. Für eine Wanderung lohnt dennoch der Abstecher zum Rifugio Cima Larici bei Straßenkilometer 50 der SS 349 (beschildert).

Die Sonnenterasse der Malga Pusterle lädt zur Rast ein.

Grappa – Geist in der Flasche

Kenner italienischer Tafelfreuden behaupten, es gäbe ebensoviele Grappa- wie Wein-Sorten. Genau ist dies wahrscheinlich nie zu überprüfen, doch wäre es rein theoretisch möglich, denn beim Grappa handelt es sich um einen Tresterbranntwein. Dieser wird aus der Maische gebraut, die beim Weinkeltern nach dem Auspressen der Trauben übrig bleibt. So entsteht ein klarer und recht deftiger

Die verschiedenen Grappa-Sorten sind so zahlreich wie italienische Weine. Dies spiegelt sich auch in den Grappa-Flaschen wider, die in den unterschiedlichsten Formen verkauft werden.

Branntwein mit bis zu 50 % Alkoholgehalt. Der Fachmann unterscheidet zwei Sorten: Grappa aus Rot- und Weißwein. Rotweintrester müssen nicht zweimal vergoren werden, da bei der Rotweinkelterung die Stiele der Trauben gleich mitvergoren werden. Daraus resultiert meist ein kräftiger Geschmack. Weißweintrester hingegen muss mit Hilfe von Hefe vergoren werden und besitzt meistens einen eleganteren und feineren Geschmack. Auch wenn es überall die verschiedensten Sorten gibt, so zählt doch sicher Bassano del Grappa südöstlich der Sette Comuni, an der Brenta gelgen, zu den Hochburgen der Grappa-Brennerei.

Besonders gern wird er nach einer reichhaltigen Mahlzeit getrunken, gelegentlich auch von einem freundlichen Wirt angeboten. Nur äußerst selten dürfte man aber in den Genuss eines Grappa della Nonna (Grappa der Großmutter) kommen, also der bevorzugten Hausmarke, die möglichst so alt wie der Wirt selbst sein soll. Eine ganz andere Art Grappa zu genießen, ist hingegen weit verbreitet. Verlangt man nach einem Caffè Corretto, so wird ein starker Kaffee mit einem ordentlichen Schuss Grappa serviert. Wer ganz sicher gehen will verlangt Caffè Coretto con Grappa, denn sonst kann es sein, dass statt Grappa ein normaler Branntwein in den Kaffee kommt.

Viele der Almwirtschaften bieten Einkaufsmöglichkeiten (oben).

Die Friedenstaube ziert die Wegweiser am Centiero de la Pace (links).

Den Einstieg zur unserer Tour finden wir rund 12 Kilometer nördlich von Asiago, bei Straßenkilometer 51,4 der SS 349. Gegenüber dem Albergo al Ghértele zweigt eine Schotterpiste ab. Durch sattgrüne Wälder rollen wir über die gut instandgehaltene Piste und erreichen nach knapp drei Kilometern die Malga Pusterle. Die bewirtschaftete Alm lockt mit ihrer Sonnenterasse zur Rast und lädt ein zum Erleben einer heilen Bergbauern-Welt: Geschäftig schnatternd watschelt das Federvieh frei über die Wiesen, glückliche Ferkel dürfen sich hier noch im Schlamm suhlen. Doch schon fünf Kilometer später wird uns wieder einmal klar, dass zu Beginn des letzten Jahrhunderts schreckliche Schlachten auf der Hochebene der Sette Comuni getobt haben: An der Kreuzung auf der Malga Mandrielle (bei Roadbook-Kilometer 7,7, Bild 6) besteht die Möglichkeit, einen Abstecher links zum Forte

Campolongo (Beschreibung S. 66/67) zu machen.
Die Zeiten haben sich aber gottlob geändert, davon zeugt eine Holztafel, auf die wir kurz nach der Malga Camporosa stoßen (Roadbook Bild 10). Durch sie erfahren wir, dass wir gerade den Centiero de la Pace, den Friedensweg befahren. Dahinter steht die Idee, die verfallenen Wege, die im Er-

sten Weltkrieg zur Front führten zu rekonstruieren und sie in „Wege des Friedens" umzuwandeln. Neben dem Friedensweg vom Stilfser Joch bis zur Marmolada, entstand auch der Centiero de la Pace auf der Hochebene der Sieben Gemeinden. Er beginnt auf dem Schlachtfeld des Monte Ortigara (im Norden der Hochebene gelegen) und führt über verschiedene Abste-

Gegenüber dem Albergo Al Gheterle zweigt die Schotterpiste von der Hauptsraße SS 349 ab – bei Straßenkilometer 51,4.

Die Tafel informiert auch in deutscher Sprache über den Centiero de la Pace – den Friedensweg – auf dessen Spuren wir fahren.

cher bis nach Asiago. „Als Mahnung gegen den Krieg" führt er seine Besucher an die Orte, an „denen einst ihre Länder gegeneinander kämpften". Nachdenklich rollen wir weiter über einsame Almen Richtung Westen und nach einigen Kilometern erreichen wir die Teerstraße SP 9, die uns zurück zur SS 349 – dem Ausgangspunkt unserer Tour – bringt.

So schroff die Hochebene der Sieben Gemeiden auch ins Tal abfällt – oben ist sie über weite Teile hügelig.

Asiago – Zentrum der sieben Gemeinden

In 1000 Meter Meereshöhe liegt Asiago, ein freundliches Städtchen und Zentrum der Hochebene der Sieben Gemeinden. Lange Zeit stand Asiago an der Spitze der Lega dei Sette Comuni, die für die Unabhängigkeit der Region kämpfte.

Tiefe Spuren hat der Erste Weltkrieg hinterlassen, in dessen Verlauf die Stadt auch zerstört wurde. Beim modernen Palazzo Municipale wurde zum Andenken an die Gefallenen ein Mahnmal errichtet. Etwas außerhalb der Stadt befindet sich ein Ossario (Beinhaus), das weithin sichtbar in weißem Marmor glänzt. In ihm wurden die sterblichen Überreste zigtausender Gefallener des Ersten Weltkrieges beigesetzt.

Trotz seiner düsteren Vergangenheit ist Asiago ein heiteres Städtchen. Man sollte sich etwas Zeit nehmen zum Bummeln, und sich in eines der Cafés setzen, einen Cappuccino genießen und dem bunten Treiben auf den Straßen zuschauen, die von dem freistehenden Turm der Pfarrkirche San Matteo überragt werden.

Es gibt auch gute Gelegenheiten, regionale Spezialitäten zu erwerben, etwa eine Flasche der bekannten Grappa-Sorten. Zusätzlich finden sich hier auch alle Versorgungsmöglichkeiten, von Werkstätten über Hotels aller Klassen, bis hin zu Geldautomaten, die einen auch am Wochenende nicht Pleite dastehen lassen.

Reisebücher
für Geländewagenfahrer

- **FRANKREICH**
- **SLOWENIEN**
- **SPANIEN**

Offroad pur!
Wo der Asphalt endet: Touren für Genießer

Bestellcoupon auf Seite 158

Tour 8:
Serpentinen ohne Ende am Passo di Brocon

Einst war der Passo d. Brocon eine Schotterpiste, die von der Ortschaft Lamon nach Norden hinauf zur Passhöhe führte. Heute verläuft die geteerte Straße auf der anderen Seite des Monte Ágaro, von Castello Tesino aus, zum Scheitelpunkt in 1615 Meter Meereshöhe. Doch die alte Trasse gibt es noch! Wir haben sie nach einigem Suchen gefunden und einen weitgehend unbekannten Gebirgspass befahren, der heute nur noch von den wenigen Anwohnern und einigen Naturliebhabern benutzt wird.

Die alte Passstraße des Passo d. Brocon liegt abgelegen und tief in den Bergen versteckt. Grob gesagt: Nördlich der SS 47 (Trento – Bassano di Grappa) und westlich der Nationalstraße 50 (Belluno – Feltre); von beiden Hauptverbindungsstrecken ist denn auch die Anfahrt möglich. Wir verlassen die SS 47 an der Ausfahrt Strigno bei Straßen-Kilometer 92 (GPS = N: 46°03,133; E: 11°30,497). Ab Strigno ist dann der Weg über die SP 78 nach Castello Tesino gut beschildert (GPS = N: 46°03,912; E: 11°37,627). Am Ortsende, das wir auf der SP 79 erreichen, ist es wichtig, nicht mehr der Beschilderung zum Pso. di Brocon zu folgen – da geht's nämlich zur neuen Passstraße. Wir fahren vielmehr rechts Richtung La-

HIER KANN MAN DIE SEELE EINMAL BAUMELN LASSEN

mon. (Roadbook, Bild 2) und kommen so kurz nach der Kreuzung am Parco la Cascatella vorbei.

Völlig unerwartet in dieser, vom Tourismus links liegengelassenen Region finden wir hier einen Naturpark vor, der einen Besuch lohnt. Auch alle, die den Pso. d. Brocon von Feltre aus anfahren sollten den Abstecher nach Castello Tesino machen und den Park besuchen – egal, ob zur Mittagspause, oder einfach nur, um die Seele nach langer Autofahrt für einige Momente

Wasserfall im Parco la Cascatella (links). Bei dieser Wegführung am Passo di Brocon schlägt das Herz jedes Geländewagenfahrers höher (rechts).

Der Weg ist über weite Strecken direkt in den Fels gehauen.

baumeln zu lassen. Die Attraktion im Parco la Cascatella ist – wie der Name schon sagt – ein Wasserfall, der über eine senkrechte Felswand in ein Bassin stürzt. Nicht nur Kinder nutzen an heißen Sommertagen dieses (fast) natürliche Planschbecken zur Erfri-

DIE NEUE STRASSE VERLÄUFT AUF DER ANDEREN BERGSEITE

schung. Doch die Kaskade ist nur eine der Attraktionen. Das Tal lässt sich nämlich über viele Kilometer mit dem Fahrrad erkunden oder per Pedes erwandern. Die spektakulären Felswände, die in die Tiefe herunter zu stürzen scheinen, sind von beeindruckender Schönheit.

Anschließend geht es mit dem Auto auf serpentinenreicher Straße, die parallel zum Fußweg unten im Tal verläuft weiter Richtung Osten. Auf diesem Streckenabschnitt lohnt es sich, so manches Mal anzuhalten und den Blick in die Tiefe und auf die gegenüberliegenden Felswände zu genießen.

Der Einstieg zur alten Passstraße des Passo d. Brocon ist nicht leicht zu finden, denn viele kleine Straßenkreuzungen in winzigen Dörfern erleichtern die Orientierung nicht gerade: Man sollte sich genau ans Roadbook halten. Doch hat man erst einmal die Ortschaft San Donato erreicht, dann entschädigt die folgende Strecke für die Sucharbeit. Nur ein paar hundert Meter nach S. Donato endet die Teerstraße – schließlich kommt nun kein Dorf mehr und den Zweck einer Passstraße erfüllt die neue Teerstraße auf der anderen Seite des Monte Ágaro. Nur noch einzelne verstreut stehende Häuser werden uns auf dem Weg hinauf zur Passhöhe begegnen.

Auf den ersten Schotterkilometern ist der Weg gut erhalten und schmiegt sich über Bergwiesen sanft am Hang entlang. Doch mit zunehmender Höhe ändert sich die Landschaft. Die Berge werden schroffer und die Straßenkonstruktion wird kühner. Teilweise ist die Trasse in den Fels geschlagen, manchmal noch seitlich mit Leitplanken gesichert, oft aber sollen nur vereinzelt stehende Wegsteine vor einem möglichen Absturz schützen. Doch der Schotterweg ist breit genug für jeden Geländewagen und in einem ordentlichen Zustand, so dass uns die Fahrt in dieser Beziehung nie problematisch erscheint. Doch eine andere Gefahr lauert von oben: Sicherheitsnetze, die an manchen Stellen über dem Weg gespannt sind, weisen auf regelmäßigen Steinschlag hin. So mancher faustgroße Brocken hängt oben im Netz gefangen und mahnt uns, unter steilen Felswänden nicht anzuhalten und schnellstmöglich das Weite zu su-

UNGEZÄHLTE KEHREN ZWISCHEN ZWEITAUSENDERN

chen. Schließlich sind ja auch bei weitem nicht alle Streckenabschnitte, die unter schroffen, senkrechten Felswänden entlangführen, mit Netzen gesichert, sondern nur die gefährdetsten Stellen.

Die kleine Furt ist im Sommer ausgetrocknet.

So schrauben wir uns über ungezählte Kehren weiter hinauf in die Bergwelt zwischen den beiden Zweitausendern Monte Cópolo und Monte Ágaro. Immer wieder zweigen Pfade vom Hauptweg ab, die zu kleinen Gehöften führen, die wir oft versteckt an den Bergflanken stehen sehen. Für sie ist die alte Trasse des Passo d. Brocon die einzige Verbindung zur Außenwelt.

Mit zunehmender Höhe verlassen wir mehr und mehr den Bereich der Steilwände, die Piste geht nun durch dichte Wälder. Im Gegensatz zu unseren früheren Besuchen wirkt der Schotterweg neuerdings sehr gepflegt. Er ist kaum ausgewaschen, das Buschwerk hängt nicht mehr über die Straße und sogar ein Picknickplatz wurde neu angelegt. Der Verfall der alten Trasse des Pso d. Brocon scheint gestoppt – offensichtlich soll sie den Erholungssuchenden die urwüchsige Landschaft erschließen.

Steinschlag droht von oben. Ein Kriegerdenkmal mahnt auf der Passhöhe (unten).

Nach rund zwanzig Kilometern Fahrstrecke sehen wir schräg über uns eine Brücke, die darauf hinweist, dass wir bald auf den neuen, geteerten Passo d. Brocon treffen werden. Dann lichtet sich der Wald und in der Abenddämmerung fahren wir über Almwiesen in Richtung der Teerstraße, auf die wir dann auf der Passhöhe treffen.

Ein Ristorante und ein Albergo machen uns schnell deutlich, dass uns die Zivilisation wieder eingeholt hat. Und fast unumgänglich treffen wir auch hier oben wieder einmal auf ein Kriegerdenkmal, das uns an die mörderischen Auseinandersetzungen erinnert, die in der Vergangenheit auch diesen verlassenen Winkel der ostitalienischen Alpen nicht verschont haben.

Die Ortschaften scheinen aus den Bergen zu wachsen (oben).
Ungezählte Serpentinen führen hinauf zum Pso. d. Brocon (unten).

Service:
Mit der richtigen Ausrüstung sicher ans Ziel

Jede Tour, die man unternimmt, erfordert ein Mindestmaß an Vorbereitung. Wenngleich die norditalienischen Alpen im Herzen Europas liegen und die Versorgungsmöglichkeiten vor Ort also ideal sind, so sollte die Ausrüstung trotzdem mit Sorgfalt zusammengestellt werden. Was also gehört hinein in den Offroader?

Geländewagenfahrer sind Individualisten und entsprechend unterschiedlich sind auch ihre Anforderungen, was die Ausrüstung betrifft. Einige grundsätzliche Tips zum Themenbereich Ausrüstung lassen sich aber dennoch geben.

Die Touren in diesem Buch führen uns zwar in die entlegenen Gebiete der nordöstlichen Alpen. Aber dennoch, weiter als ein paar Kilometer von der Zivilisation entfernt ist man auch auf den abgelegensten Offroad-Pisten nie. Entsprechend muss die Ausrüstung auch nicht auf eine reine Selbstversorgung ausgelegt werden: Zusatztanks sind ebenso wenig nötig, wie das Mitschleppen aller möglichen Ersatzteile. Im Falle einer Panne ist man nicht auf sich selbst gestellt: Hilfe kann immer und überall schnell gefunden werden. Erstaunlich: Sogar in den Bergen funktioniert das Mobilfunknetz relativ oft, deshalb sollte das Handy auf jeden Fall ins Reisegepäck. Wenn man jetzt noch weiß, dass der Automobile Club d'Italia (ACI) landesweit unter der Notrufnummer 116 zu erreichen ist, und Polizeinotruf und Unfallrettung die 113 als Telefonnummer haben, dann kann man sich oft schon ziemlich schnell weiterhelfen. Minimale Grundkenntnisse der italienischen Sprache reichen meist aus, wobei der Mini-Sprachführer im Info-Teil am Ende dieses Buches hilfreich ist. Noch besser ist es natürlich, wenn man ein kleines Italienisch-Wörterbuch im Gepäck hat.

Wenn der Hilferuf per Funk erfolglos bleibt, dann muss man sich auf Schusters Rappen zum nächsten Gehöft oder zur nächsten Ortschaft aufmachen. Dabei ist stabiles Schuhwerk vonnöten: Schon ein einziger Kilometer Schotterweg in Sandalen zurückgelegt, hinterlässt einen lang anhaltenden Eindruck. Vernünftige Kleidung, die einen auch mal vor einem Regenschauer schützt und eine Taschenlampe für den Fußmarsch nach Einbruch der Dämmerung runden das Survival-Paket für den hilfesuchenden Fußgänger ab.

Ein wesentliches Problem in allen unbekannten Gegenden ist die Orientierung: Ohne detailliertes Kartenmaterial und einen Kompass, kommt man auch mit dem Roadbook nicht immer zurecht. Als ausreichend detailgetreu

AUCH AUF OFFROAD-PISTEN IST DIE ZIVILISATION NAH

hat sich die Straßenkarte Friaul-Venetien von Kümmerly + Frey im Maßstab 1:200 000 erwiesen. Besonders genau sind die Blätter der Kompass-Wanderkarten, Carta Touristica, im Maßstab 1:50 000. Diese gibt es vor Ort in den Zeitschriften-Läden zu kaufen – wie auch weiteres gutes

In solchen unvorhersehbaren Fällen hilft nur gutes Kartenmaterial weiter.

Kartenmaterial – sie sind aber auch zuhause über den Buchhandel zu beziehen (Spezial-Geschäfte im Info-Teil). Doch ohne Kompass ist auch die beste Karte nur die Hälfte wert. Ein brauchbarer Peilkompass ist bei den Expeditionsausrüstern schon für wenig Geld zu haben.

KARTE UND KOMPASS: ORIENTIERUNG IST WICHTIG

hinter dem Komma bei verschiedenen Messungen differieren, davon sollten Sie sich aber nicht irritieren lassen.

Besondere Anforderungen an die Ausrüstung stellen die Fluss-Touren im Tagliamento oder in der Piave, denn hier ist die Gefahr sehr groß, dass man sich fest fährt und ohne fremde Hilfe nicht mehr weiter kommt. Natürlich kann man sich auch da auf die Hilfsbereitschaft der in der Nähe wohnenden Bauern verlassen. Trotzdem sollte man diese nicht überstrapazieren.

Wer die Flusstouren in Angriff nimmt, sollte eine Bergeausrüstung dabei haben.

Im Roadbook-Teil dieses Bandes finden Sie nun auch GPS-Daten, die die exakte Position des aufgeführten Wegpunktes angibt. Dazu zwei Bemerkungen: Erstens erfolgen die Angaben in Längen- und Breitengraden, sowie Minuten und deren Bruchteilen. N 45° 13,260 bedeutet also: 45 Grad, dreizehn-komma-zwei-sechs-null Minuten Nord. Zweitens können die beiden letzten Stellen

Wer also die Flusstouren fährt, sollte mit mindestens zwei Geländewagen unterwegs sein und eine sorgfältig zusammengestellte Bergeausrüstung an Bord haben, mit deren Anwendung er auch vertraut ist.

Der Rest der Ausrüstung hängt von den persönlichen Ansprüchen ab, für die Rüttelpisten sollte sie aber auf jeden Fall gut verstaut sein.

**Bücher
Karten
Ausrüstung**

Theresien-
strasse 66
80333 München
www.daerr.de
Tel 089 28 20 32
Fax 089 28 25 25

**KATALOG
kostenlos**

Service:

Wie man sich bettet, so liegt man: Hotel oder Camping?

Wer sich in die abgelegenen und touristisch wenig erschlossenen Gebiete Friauls und Veneziens begibt, der muss bei der Wahl seiner Übernachtungsmöglichkeiten flexibel sein. First-Class-Campingplätze sucht man hier oft vergebens und auch Hotels mit internationalem Standard gibt es nur in den größeren Städten. Preiswerte und gepflegte Unterkünfte lassen sich aber stets finden.

Wer Hotels ausschließlich nach Sternen beurteilt, der hat nicht viel Auswahl in dieser Region. Wer aber für die Nacht mit einem anständiges Zimmer mit Dusche zufrieden ist, der wird immer fündig werden.

Einfache Zimmer lassen sich immer finden (links am Passo di Brocon), Campingmöglichkeiten sind speziell im östlichen Tourengebiet seltener (oben).

Man muss aber einige Dinge beachten. Erstens gibt es nicht in jedem Dorf Übernachtungsmöglichkeiten, man sollte sich also rechtzeitig auf die Suche nach einer Unterkunft begeben. Die meisten Pensionen und Hotels befinden sich logischerweise entlang der Hauptstraßen und nicht auf den Nebenstrecken. Keinesfalls sollte man sich von den Äußerlichkeiten abschrecken lassen: Hinter mancher abgebröckelten Fassade findet sich im Hof ein neuer Anbau mit ein paar modernen Zimmern – diese Erfahrung haben wir mehrmals gemacht! Letztendlich führt Nachfragen in den allermeisten Fällen zum Ziel. Wer in eine Bar geht und sich nach einem Zimmer erkundigt, dem wird immer weiter geholfen. Hat man keine eigenen Zimmer, so kennt der Barbesitzer doch jemanden, der Zimmer vermietet. Ein, zwei oder drei Telefonate und man ist am Ziel. Weniger gut sieht es besonders im östlichen Bereich unseres Tourengebiets mit Campingplätzen aus: Sie sind schlicht und einfach dünn gesät. Man muss eben die wenigen Plätze, die es gibt anfahren und sie so nehmen wie sie sind: Einfach in der Ausstattung, aber oft reizvoll gelegen.
Doch auch dem, der sich mit einfachen Zimmern und Campingplätzen

Gut ausgeschildert an der Straße N 552: Camping Val Tramontina nördlich vom Lago d. Tramonti und der Tour am Lago di Cà Selva.

Einfach ausgestattet und preiswert sind viele Campingplätze in den touristisch wenig erschlossenen Regionen.

nicht anfreunden will, kann geholfen werden. Unser Tourengebiet ist nämlich nicht weit von der Adria entfernt und auch der Gardadasee liegt nahe: Pordenone ist beispielsweise nur 45 Kilometer Luftlinie vom Touristen-Paradies Cáorle entfernt und mit der

Familienurlaub am Strand und Ausflüge in die Berge

Mittelmeerregion über die Autobahn A 28 verbunden – die westlichen Tourengebiete sind schnell vom Gardasee aus zu erreichen.
Der Gedanke hat durchaus seinen Reiz, die liebe Familie am Strand Urlaub machen zu lassen, während man selbst Tagesausflüge in die Berge der italienischen Alpen unternimmt.

Service:
Essen und Kochen auf Tour
Pasta statt Dosenfutter

Natürlich, eine Stulle mit Landleberwurst füllt den Magen auch. Und so manchem Zeitgenossen vermittelt die Dose Ravioli, von zuhause bei Aldi mitgenommen, schon genug Italien-Flair. Doch die Märkte Norditaliens bieten alles, was gebraucht wird, damit selbst auf dem kleinsten Campingkocher die Büchsen-Tristesse verschwindet und kulinarische Köstlichkeiten entstehen können.

Italien – für die Region eingerahmt von Alpen und Mittelmeer – gibt es viele Umschreibungen und so manche davon bezieht sich auf die hohe Kunst ihrer Küche, gilt sie doch als erstklassig: Italien, oft als das Land der Pasta bezeichnet, bietet jedem Besucher eine Vielzahl regional unterschiedlicher kulinarischer Genüsse. Die Region im Nordosten des Landes profitiert von seiner Jahrtausende alten Geschichte als Durchgangsgebiet – viele Küchen haben ihre Spuren hinterlassen. Entsprechend sind hier die Spezialitäten der verschiedensten Regionen heimisch geworden. Pasta und Pizza sind ebenso selbstverständlich auf den Speisekarten, wie geräucherter Schinken und üppige Käsegerichte. Eine Menge davon lässt sich auch unterwegs auf dem Campingkocher nachbruzzeln; einfache Gerichte, die Ihre Gaumenfreuden nicht durch aufwendige Kocherei entwickeln, sondern durch die Frische und Qualität ihrer Zutaten sowie die Raffinesse der Zusammenstellung.

Das Vergnügen beginnt schon beim Einkaufen: Die Auswahl der Zutaten auf dem geschäftigen Wochenmarkt gestattet einen tiefen Einblick in das

Nicht nur Wein: In Norditalien gibt es auch hervorragende Biersorten.

Leben der Menschen. Im Alimentari gibt es – trotz EU – Produkte zu bestaunen, die man im heimischen Supermarkt nicht kennt und auch der Besuch beim Metzger eröffnet neue Horizonte – ein Blick in die Wursttheke genügt dazu. Nehmen Sie sich also Zeit beim Einkaufen, denn hier brodelt das Leben um Sie herum – lassen Sie es auf sich einwirken, denn bald wird sie ihr Fourwheeler wieder in einsame Regionen bringen. Es gibt wohl kaum etwas Gemütlicheres, als nach einem langen Tag auf unwegsamen Pisten zufrieden am Campfeuer zu sitzen, dessen aufsteigender Duft einem das Wasser im Mund zusammenlaufen lässt. War der Tag gut, wird das Essen zum krönenden Höhepunkt; lief alles schief, versöhnt eine gute Mahlzeit und gibt neuen Mut.

Auch wenn so manches Nationalgericht besser im Ristorante gegessen werden sollte – wen schaudert nicht beim Gedanken an Pizza vom Campingkocher – bietet Italien für die beschränkten Möglichkeiten der Camping-Küche ein wahres Stakkato an landestypischen Rezepten.

Doch auch die Alberghi und Ristoranti am Wegesrand überzeugen mit ihrer Küche – bodenständig wird hier noch das kredenzt, was heimisch ist.

ALBERGHI LOCKEN MIT BODENSTÄNDIGER KÜCHE

Genießer werden beim Zusammenstellen Ihres Wunschmenues mit Pasta als Vorspeise, ein raffiniertes Fleischgericht und ein Dolci als Nachspeise gerne beraten. Trauen Sie sich also und tauchen Sie ein in den Trubel der Wochenmärkte oder in die Beschaulichkeit der Landgasthöfe. Von der einfachen Pizza bis zu mehrgängigen Menüs: Enttäuscht wurden zumindest wir nirgends.

Buon Appetito!

Urwüchsig, romantisch und gemütlich: Grillen am Lagerfeuer.

Service:
4x4 Öko-Tipps

*Als Gast in einem fremden Land sollte es selbstverständlich sein, gewisse Spielregeln zu beachten, um die Natur der Region zu schonen.
Je weiter wir die besiedelten Gebiete verlassen, um so häufiger werden wir auf seltene, schützenswerte Pflanzen und Tiere treffen.*

Ein Picknick unter freiem Himmel hat unbestritten seine Reize, doch zu den elementaren Grundregeln gehört es, dass man einen Lagerplatz so verlässt, wie man ihn vorgefunden hat. Also keine Dosen, Flaschen oder anderen Müll in die Gegend werfen, der in eine Mülltonne oder Wertstoffsammlung gehört, aber keinesfalls in die Landschaft. Gerade Offroader sollten mit gutem Beispiel vorangehen.
Besondere Vorsicht ist beim Entfachen von Lagerfeuern geboten, soweit dies überhaupt zulässig ist. Prasselnde Flammen verbreiten viel romantische Stimmung, doch kann unkontrollierter Funkenflug verheerende Feuersbrünste auslösen. Deshalb kein offenes Feuer in Waldgebieten! Vor dem Verlassen der Feuerstelle sämtliche Glutreste löschen: Sie glimmen sonst stundenlang, und oft genügt schon ein kleiner Windstoß, um das Feuer neu auflodern zu lassen. Soweit vorhanden, kann in Notfällen ein Autofeuerlöscher oder eine wassergetränkte Decke gute Dienste leisten.
Jeder, der sich in der freien Natur bewegt, sollte sich aufmerksam umsehen. Auch an unscheinbaren Plät-

Selbstverständlich ist, dass man mit dem Geländewagen nicht wild in der Landschaft umherkarriolt, sondern, soweit vorhanden, auf den ausgefahrenen Pfaden bleibt. Auf das

DIE NATUR GEHT ALLE AN: NEHMEN WIR RÜCKSICHT!

Fahrzeug selbst sollte man auch ein Auge haben: Verliert es Öl oder treten Schmierstoffe aus? Wenn diese ins Grundwasser gelangen, kann das ernste Folgen nach sich ziehen. Auf

Keine fünfzig Meter neben der Schotterpiste entdecken wir diesen Fasan.

zen haben oft seltene Tiere ihr Zuhause, die man nicht gedankenlos stören sollte. So haben in den Schotterbänken der Flüsse kleine Vögel wie der Flussregenpfeifer oder der seltene Triel ihre Brutplätze. Zu den gut getarnten Gelegen wird man hinreichend Abstand halten. Gleiches gilt natürlich auch für große und kleine Waldbewohner, deren Lebensraum Respekt verdient. Sie alle können sich nicht gegen den Menschen zur Wehr setzen und sind auf unsere Rücksichtnahme angewiesen.

Wer hier mit grobstolligen Reifen Spuren hinterlässt, zerstört mehr als er denkt.

Die Tier- und Pflanzenwelt scheint in vielen Gebieten noch intakt zu sein.

Nummer Sicher geht, wer Motorraum und Bodengruppe mit einem Dampfstrahler an einer Tankstelle säubert. Wichtig ist diese Maßnahme besonders vor Flussdurchquerungen, bei denen sonst Altölreste mit an Sicherheit grenzender Wahrscheinlichkeit ins Wasser gelangen.

Doch denken Sie auch an die Bewohner: Nehmen Sie Rücksicht und fahren Sie defensiv – nicht nur die spielenden Kinder in den kleinen Ortschaften werden es Ihnen danken.

Viele Herrscher in einer Region – Friaul im Lauf der Zeit

Zahlreiche Eroberer haben in der wechselvollen Geschichte des östlichen Oberitaliens ihre Spuren hinterlassen. Von den Kelten über die Römer und Venezianer bis hin zu den Offizieren der k. und k. Monarchie: Hier machten viele fremde Mächte ihre territorrialen Ansprüche geltend, ehe die Region endgültig zu Italien kam.

Im Laufe seiner wechselvollen Geschichte hat das Friaul, das östliche Oberitalien, viele Eroberer gesehen, die jedoch unterschiedliche Spuren hinterlassen haben. Die ersten bekannten Siedler waren Kelten, die Ackerbau betrieben und rege Handelsbeziehungen unterhalten haben. 183 v. Chr. war für das Römische Reich der Zeitpunkt gekommen, die Kelten anzugreifen und zurückzudrängen, um den eigenen Einfluss in dieser Region zu sichern, die hohen strategischen Wert besaß, da sie sich als gute Ausgangsbasis für militärische Unternehmungen nach Norden und Nordosten anbot. 181 v. Chr. wurde die Kolonialstadt Aquilea gegründet, deren späterer Ruhm weit über die Grenzen Friauls strahlte. Nach dem Untergang des Römischen Reiches kamen die Ostgoten, die ihrerseits heftig von den Byzantinern bekämpft wurden, was wie so oft in der Geschichte, verheerende Folgen für das Land hatte. Die Wende zum Besseren kam 568 n. Chr. als die Langobarden unter ihrem König Alboin durch das Isonzo-Tal ins Friaul einmarschierten. Anders als andere Eroberer, die nur plündernd durch die Region zogen, hatte dieses germanische Volk die feste Absicht sich hier niederzulassen. Das Friaul erlebte unter ihrer gut 200 Jahre währenden Herrschaft eine Blütezeit, neue Burgen boten Schutz vor Feinden, neue Gesetze schufen innenpolitische Sicherheit, der Handel blühte.

Nachdem die Langobarden Karl dem Großen unterlegen waren, entwickelte sich in Aquilea, später auch in Udine und Cividale ein Patriarchenstaat, der den Kaisern lange Zeit ergeben war. 1420 musste sich das Friaul der Macht Venedigs unterwerfen. Die lange Friedenszeit, die nun folgte, wurde nur durch einige Auseinandersetzungen mit den Habsburgern im östlichen Friaul unterbrochen. Trotzdem stockte die Entwicklung der Region, da die Venezianer vorwiegend eigene Interessen im Auge hatten.

Im Lauf der Koalitionskriege von 1796/97 erschienen erneut fremde Truppen im Friaul, nämlich die französische Revolutionsarmee unter Napoleon, denen österreichische Truppen unter Erzherzog Karl gegenüberstanden. Trotz einiger Erfolge des österreichischen Feldmarschalls musste Österreich 1797 im Frieden von Campoformido (umgangssprachlich: Campoformio) u. a. auf Mantua, Modena und Mailand verzichten, erhielt dafür aber Venetien links der Etsch, Istrien und Dalmatien. Dank der Erfolge von Feldmarschall Radetzky konnte die Donaumonarchie ihre Stellung trotz italienischer Nationalbestrebungen bis 1866 halten, als im Frieden von Wien Venetien an das Königreich Italien fiel, Istrien und Triest aber bei Habsburg verblieben.

Das schlimmste Kapitel der Auseinandersetzungen um Friaul wurde im Ersten Weltkrieg geschrieben, als die Italiener 1915 Deutschland und Österreich den Krieg erklärten. Bereits in den Jahren zuvor hatte man mit dem Bau zahlreicher Festungen begonnen, deren Überreste noch heute von dem Konflikt künden. Neben der

Diese italienische Sondermarke gedenkt der Schicksalskämpfe an der Piave 1917.

Dolomitenfront entfesselten die Italiener nicht weniger als elf Isonzo-Schlachten, um nach Triest durchzubrechen. Das gegenseitige Morden stand dem Schlachten an der Westfront kaum nach, Abertausende von tapferen Männern mussten ihr Leben lassen, nur damit sich die Front um ein paar hundert Meter verschob (für einen maximalen Geländegewinn von zwölf Kilometern mussten etwa

770 000 Mann sterben). Aber die Truppen von General Cadorna kamen nicht durch, da die Defensive zu dieser Zeit der Offensive überlegen war. Eine Wende trat auf diesem Kriegsschauplatz erst ein, als deutsche Elitetruppen (darunter das Alpenkorps) an diesen Frontabschnitt verlegt wurden und gemeinsam mit den Österreichern im Oktober 1917 zur Offensive übergingen. Es kam zum Durchbruch von Flitsch und Tolmein, der die gesamte italienische Alpenfront ins Wanken brachte. Fluchtartig zogen sich die Italiener zurück, begleitet von Zivilisten, die ihre letzten Habseligkeiten in Sicherheit bringen wollten. Am Tagliamento sollte die Offensive beendet werden, doch für Freund und Feind gab es kein Halten mehr. Rostige Bunker geben noch heute von den damaligen Ereignissen Zeugnis. Erst im November 1917 kam die Front an der Piave zum Stillstand. Die Italiener hielten den Monte Grappa als letzte Bastion und wurden von frischen alliierten Verbänden unterstützt. Bis dahin hatten sie fast eine Million Mann verloren, die meisten davon gerieten in Gefangenschaft. Im Juni 1918 begann die letzte österreichische Offensive. Sie scheiterte nicht zuletzt an den tosenden Wassermassen der Piave, die nach schweren Regengüssen über die Ufer getreten war. Im Herbst 1918 brach die Donaumonarchie endgültig zusammen und die Truppen zogen in die Heimat zurück. Als Ergebnis des Ersten Weltkriegs fielen die östlichen Gebiete Friauls (Görz), Triest und Istrien an Italien.

Museen und Denkmäler, wie dieses Steilfeuergeschütz, erinnern an vergangene Kämpfe.

Da Italien im Zweiten Weltkrieg auf der Seite der Verlierer stand, wurden diese Gebiete nach dem Ende des Völkermordens dem damaligen Jugoslawien zugeschlagen. Lediglich Triest und ein schmaler Küstenstreifen in Istrien wurden zum freien Territorium erklärt, das 1954 den Anschluss an Italien fand. Seitdem herrscht Frieden im Friaul, das seinen bescheidenen Aufschwung auch ein wenig dem Tourismus verdankt.

Abstecher ans Meer und in die Städte:
Flucht nach Süden

Rund fünfzig Kilometer südlich unserer Offroad-Pisten liegt die Adria mit ihren ganz anderen Reizen: Kilometer lange Sandstrände, touristische Infrastruktur und lebendig Städte locken zu einem Ausflug.

Friaul – Julisch Venetien, so der genaue Name der Region, ist im Norden eine Berglandschaft, im Süden eine flache Küstenebene. Auf Besucher übt die Gegend einen eher spröden Reiz aus. Es gibt keine weltberühmten Sehenswürdigkeiten, ein Umstand, dem es wohl auch zu danken ist, dass man die Einsamkeit der Bergwelt noch recht ursprünglich erleben kann. Weil plakative Schönheit selten ist, muss man die verborgenen Schätze der Region selbst entdecken. Wer aufmerksam seine Blicke schweifen lässt, wird schnell fündig.

Hat man trotzdem von den Bergen und den geröllhaltigen Flussbetten genug, so ist es nur ein Katzensprung zur blauen Adria, wo man sich nach Herzenslust am Strand räkeln und die Sonne genießen kann. Bekanntester Ferienort ist Grado, pittoresk auf einer Insel zwischen Lagune und offenem Meer gelegen. Zahlreiche Hotels und Pensionen, aber auch eine Reihe von großen Campingplätzen bieten eine Vielzahl von Unterkunftsmöglichkeiten. Nach dem Planschvergnügen am vier Kilometer langen Strand macht es Spaß, zwi-

Auf einer Bootstour kann die Lagune von Grado genauer erkundet werden.

schen den Cafés und Restaurants der Altstadt zu bummeln und südliches Flair zu tanken. Ähnliches gilt für den Nachbarort Lignano Sabbiadoro, der am Westrand der Lagune liegt.

Wer noch weiter am Golf von Panzano nach Süden fährt, stößt bald auf Schloss Miramare, das für den Erzherzog Ferdinand Maximilian Joseph von Habsburg erbaute Domizil. Dieser verbrachte hier jedoch nur wenig Zeit, da er zum Kaiser von Mexiko berufen und später von Rebellen hingerichtet wurde.

Der malerische Canal Grande in Triest.

Nur wenige Kilometer weiter passiert man die Stadtgrenze von Triest, das erst 1954 zu Italien kam und zuvor fast 500 Jahre mit Österreich verbunden war. Hier lohnt ein Bummel am Canal Grande, vorbei am Herz Triests, der Piazza Unità, durch eine Passage in die Altstadt mit vielen Läden und Cafés, die manchmal noch den Charme Altösterreichs ahnen lassen. Einen unverfälschten Blick auf das heutige Triest erhält man, wenn man nach Osten in die auf den Hügeln gelegenen Stadtteile fährt. Auf dem Campingplatz Obelisco im Ostteil der Stadt, hoch über dem Hafen von Triest, trifft man nicht selten andere Offroader und hat einen wunderschönen Blick auf die Stadt.

Tausend Lichter glitzern im Hafen.

Campingplatz mit toller Aussicht.

Jenseits der Báia di Muggia südlich von Triest liegt das bezaubernde Städtchen Muggia, mit seiner verwinkelten Altstadt, gotischen Palazzi und einem kleinen Fischerhafen am Rande des Zentrums.

Wer anschließend noch weiter nach Slowenien und das benachbarte Istrien fahren möchte, benötigt neben seinen gültigen Ausweispapieren unbedingt auch noch eine grüne Versicherungskarte für das Fahrzeug.

Seit mehr als hundert Jahren zählt der ehemals kleine Fischerort Grado zu den beliebtesten Badeorten an der italienischen Adria. Ein langer Damm verbindet die sonnige Sommerfrische mit dem Festland.

Roadbooks

Auf den folgenden Seiten finden Sie detaillierte Roadbooks, mit deren Hilfe Sie genau nachvollziehen können, wo und wie wir gefahren sind.
Eine Übersicht, in welcher Region Nordost-Italiens sich jede Tour finden lässt, verschafft die unten abgebildete Kartenskizze.

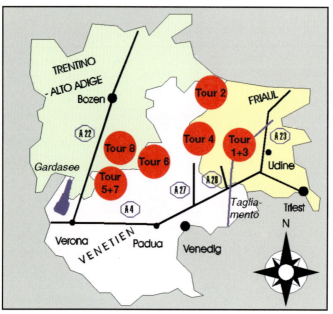

Alle Touren liegen in der Region zwischen Udine im Osten und dem Gardasee im Westen sowie der österreichischen Grenze im Norden und der Adria-Küste im Süden.

Tour 1: Wasserspiele am Tagliamento .... Seite 114
Tour 2: Monte Crostis .... Seite 119
Tour 3: Meduna – die Trockene .... Seite 126
Tour 4: Natur pur am Lago di Cà Selva .... Seite 131
Tour 5: Sette Comuni .... Seite 135
Tour 6: Piave – die Tückische .... Seite 141
Tour 7: Friedensweg .... Seite 146
Tour 8: Pso. di Brocon .... Seite 151

Legende

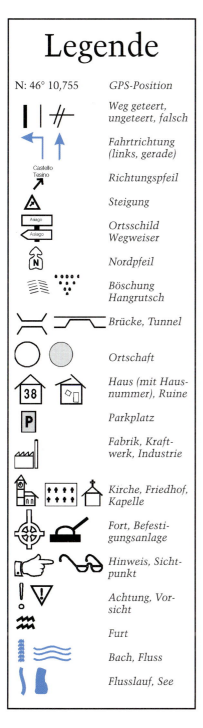

Zur Orientierungshilfe vor Ort finden Sie auf den folgenden Seiten detaillierte Roadbooks, die den Verlauf unserer Touren exakt aufzeigen. Die markanten Wegpunkte sind jeweils in einer Zeichnung dargestellt. Die einzelnen Bilder sind in der Reihenfolge fortlaufend nummeriert. Dabei fährt man in jedes Bild von unten ein, so dass die Darstellung dem Sichtwinkel des Fahrers entspricht.

Die Kilometerangaben geben einen ungefähren Anhaltspunkt, wann die gezeigte Stelle erreicht wird. Zu bedenken ist aber, dass die Tageskilometerzähler der veschiedenen Geländewagen differieren. Diese Differenzen können zu Abweichungen vom Roadbook führen. Zur exakten Orientierung finden Sie an besonders markanten oder wichtigen Wegpunkten zusätzlich die per GPS ermittelte Standortangabe.

Darüber hinaus ist zu berücksichtigen, dass wir nicht alle, sondern nur die für die Orientierung wichtigen Wegpunkte in die Zeichnungen aufgenommen haben. Dort, wo die Situation unmissverständlich ist, haben wir zur Erhöhung der Übersichtlichkeit auf zu viele (unnütze) Angaben verzichtet, die mehr verwirren als dass sie zur Verständlichkeit beitragen.

Alle Roadbooks haben wir mit größter Sorgfalt zusammengestellt. Trotzdem können wir keine Gewährleistung für die jederzeitige Befahrbarkeit der Strecken geben. Witterungseinflüsse spielen eine entscheidende Rolle; einzelne Streckenabschnitte können in der Zwischenzeit gesperrt oder unpassierbar geworden sein. Es kann aber auch das genaue Gegenteil eingetreten sein: Wo gestern noch eine Schotterpiste war, trifft man morgen vielleicht schon auf Asphalt.

Tour 1

Tagliamento

1 An-fahrt		Ab Autobahn-ausfahrt Gemona Wegweiser Richtung S. Daniele folgen. In San Daniele rechts ab Richtung Pinzano.

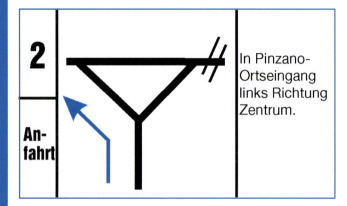

2 An-fahrt		In Pinzano-Ortseingang links Richtung Zentrum.

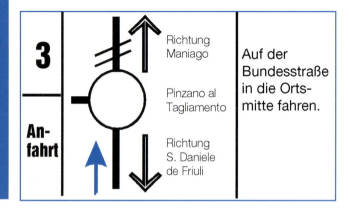

3 An-fahrt		Auf der Bundesstraße in die Ortsmitte fahren.

4		
km 0,0	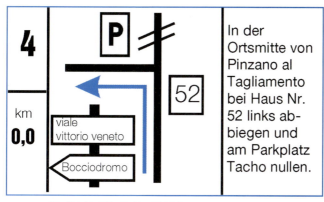	In der Ortsmitte von Pinzano al Tagliamento bei Haus Nr. 52 links abbiegen und am Parkplatz Tacho nullen.

N: 46° 10,982; E: 12° 56,729

5		
km 0,1	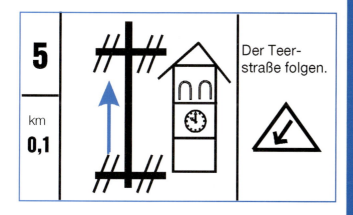	Der Teerstraße folgen.

6		
km 0,3	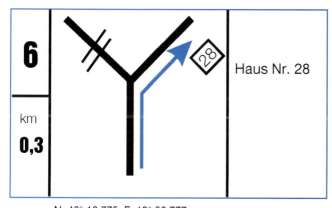	Haus Nr. 28

N: 46° 10,775; E: 12° 56,777

Tour 1

Tagliamento

Tour 1

Tagliamento

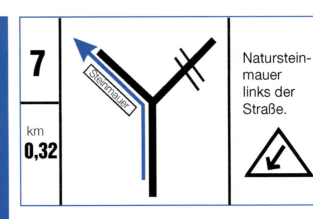

7
km **0,32**

Natursteinmauer links der Straße.

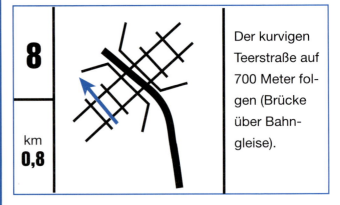

8
km **0,8**

Der kurvigen Teerstraße auf 700 Meter folgen (Brücke über Bahngleise).

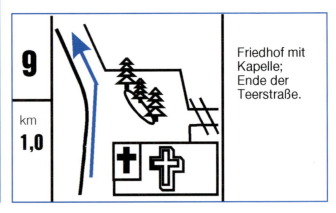

9
km **1,0**

Friedhof mit Kapelle; Ende der Teerstraße.

N: 46° 10,532; E: 12° 56,570

Tour 1

Tagliamento

10 km **1,0**	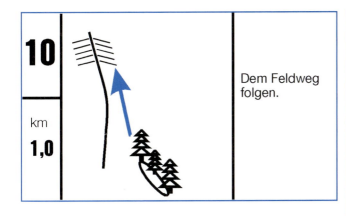	Dem Feldweg folgen.
11 ab km **1,2**	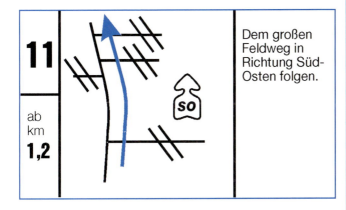	Dem großen Feldweg in Richtung Süd-Osten folgen.
12 km **1,5**	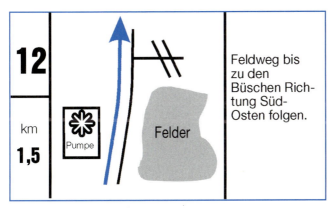	Feldweg bis zu den Büschen Richtung Süd-Osten folgen.

N: 46° 10,262; E: 12° 56,706

Tour 1

Tagliamento

13 km 1,9

Dem Hauptweg durch das Wäldchen folgen.

14 km 2,5

Einstieg ins Gelände neben dem Strommasten, der auch Orientierungspunkt ist, falls man an dieser Stelle das Gelände wieder verlassen möchte.

N: 46° 09,918; E: 12° 57,200

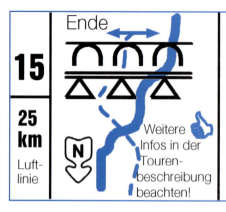

15 25 km Luftlinie

25 Kilometer Luftlinie Gelände pur in Richtung Süd bis zu den nacheinanderfolgenden Strassen und Bahnbrücken der Strecke von Udine nach Pordenone.

Tour 1
Tour 2

Tagliamento

16 | **bis km 25**

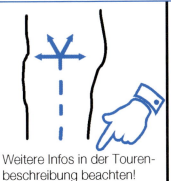

Weitere Infos in der Tourenbeschreibung beachten!

Eine Vielzahl von Ausstiegsmöglichkeiten ist über die ganze Fahrstrecke im Flußbett verteilt - ein Verkürzen der Tour ist vielerorts möglich.

Monte Crostis

BEGINN
Monte Crostis

1 | Anfahrt

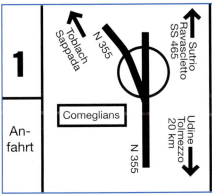

Von Tolmezzo aus folgt man der N° 355 Richtung Nordwest. Nach rund 20 km erreicht man Comeglians. Am Ortsbeginn liegt die Kreuzung von Bild 2.

Tour 2

Monte Crostis

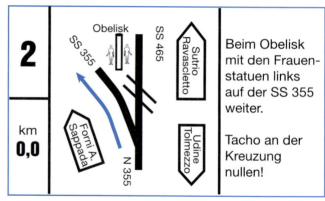

N.: 46° 30,637 E.: 12° 51,997

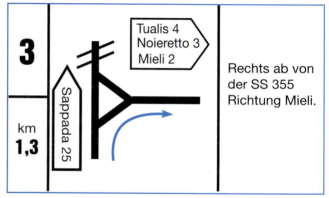

N.: 46° 31,200 E.: 12° 52,216

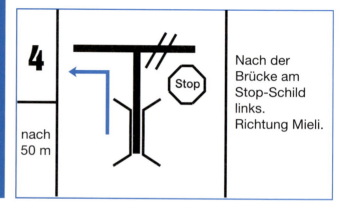

| 5
km
2,1 | 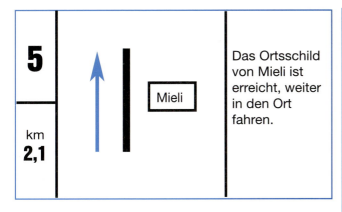 | Das Ortsschild von Mieli ist erreicht, weiter in den Ort fahren. |

| 6
km
2,7 | 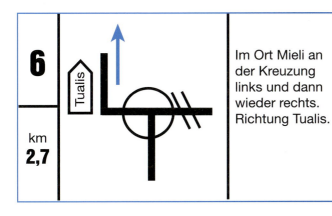 | Im Ort Mieli an der Kreuzung links und dann wieder rechts. Richtung Tualis. |

| 7
km
4,1 | 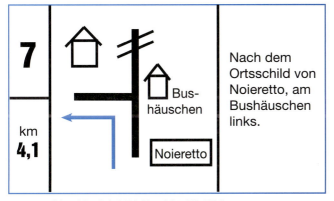 | Nach dem Ortsschild von Noieretto, am Bushäuschen links. |

N.: 46° 31,971 E.: 12° 52,599

Tour 2 — Monte Crostis

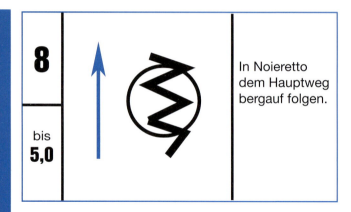

8 — bis 5,0 — In Noieretto dem Hauptweg bergauf folgen.

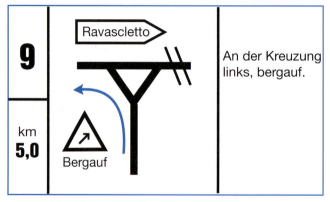

9 — km 5,0 — An der Kreuzung links, bergauf.

N.: 46° 32,014 E.: 12° 52,886

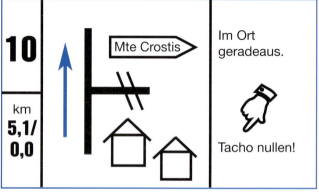

10 — km 5,1/0,0 — Im Ort geradeaus. Tacho nullen!

N.: 46° 32,034 E.: 12° 52,859

11 km **1,1**	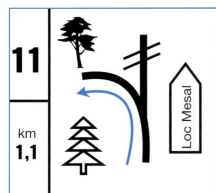	Im Wald: Der Hauptstraße nach links folgen.
12 bis **10,8**	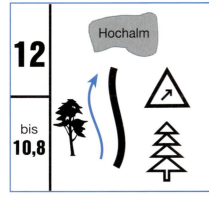	Immer dem Hauptweg bergauf folgen. Erst geht es durch den Wald, dann auf eine Hochalm.
13 km **10,8**	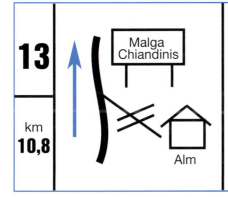	Alt. 1900 m

Tour 2 — **Monte Crostis**

Tour 2

Monte Crostis

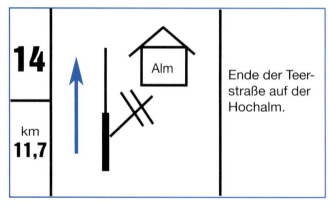

N.: 46° 33,801 E.: 12° 54,123

Ende der Teerstraße auf der Hochalm.

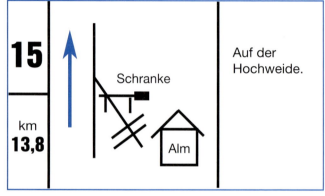

N.: 46° 33,682 E.: 12° 54,66

Auf der Hochweide.

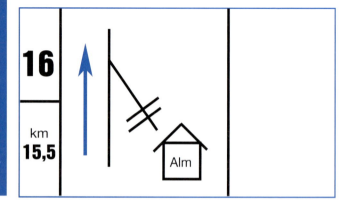

| 17
km
**18,2
/0,0** |  | Beginn der Teerpiste, bergab ins Tal.

Tacho nullen! |

N.: 46° 32,849 E.: 12° 55,832

| 18

bis
10,3 | 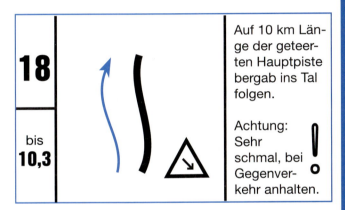 | Auf 10 km Länge der geteerten Hauptpiste bergab ins Tal folgen.

Achtung: Sehr schmal, bei Gegenverkehr anhalten. |

| 19

km
10,3 | 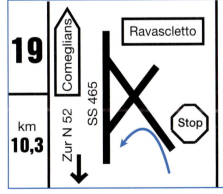 | Ende der Tour an der SS 465 beim Ort Ravascletto. Links geht es Richtung Tolmezzo, rechts zurück zum Beginn der Tour. |

N.: 46° 31,450 E.: 12° 55,859

Tour 2

Monte Crostis

Tour 3: Meduna – die Trockene

1 — km **0,0**

Rund 3 km nach der Caserna Trieste in Casera d. Delizia: Bei Str.-km 90 (an der Bar Barbaro, Pizza da Gildo) von der N 13 Richtung Castions + Zoppola abbiegen.

N: 45°57,193; E: 12° 47,314

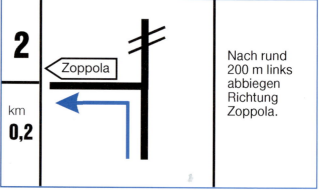

2 — km **0,2**

Nach rund 200 m links abbiegen Richtung Zoppola.

N: 45°57,313; E: 12° 47,297

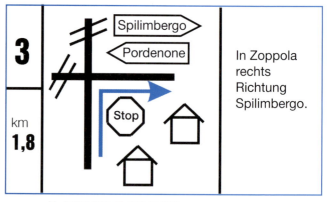

3 — km **1,8**

In Zoppola rechts Richtung Spilimbergo.

N: 45°57,868; E: 12° 46,360

4	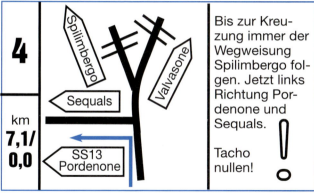	Bis zur Kreuzung immer der Wegweisung Spilimbergo folgen. Jetzt links Richtung Pordenone und Sequals. Tacho nullen!
km 7,1/ 0,0		

N: 45° 59,998; E: 12° 48,432

5	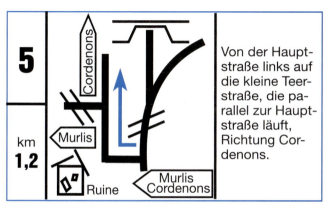	Von der Hauptstraße links auf die kleine Teerstraße, die parallel zur Hauptstraße läuft, Richtung Cordenons.
km 1,2		

N: 46° 00,059; E: 12° 47,550

6	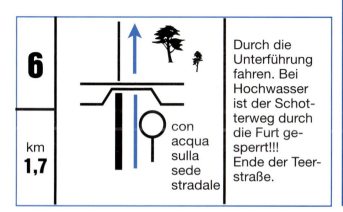	Durch die Unterführung fahren. Bei Hochwasser ist der Schotterweg durch die Furt gesperrt!!! Ende der Teerstraße.
km 1,7	con acqua sulla sede stradale	

Meduna – die Trockene

Tour 3

Tour 3: Meduna – die Trockene

7 km **1,9**

N: 46° 00,089; E: 12° 46,975

Damm

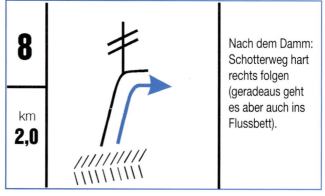

8 km **2,0**

N: 46° 00,104; E: 12° 46,921

Nach dem Damm: Schotterweg hart rechts folgen (geradeaus geht es aber auch ins Flussbett).

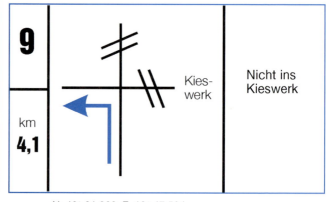

9 km **4,1**

Kieswerk

Nicht ins Kieswerk

N: 46° 01,060; E: 12° 47,594

10	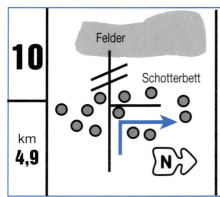	Vor den landwirtschaftlichen Anbauflachen (N: 46° 00,918, E: 12° 46,922) rechts abbiegen. Dem Schotterbett grob Richtung Nord folgen.
km 4,9		

N: 46° 01,016; E: 12° 47,388

11		### Achtung! Hauptstraße kreuzt. Km-Angaben relativ ungenau, da tiefer Schotter und diverse Routen im Flußbett möglich.
km 15	Ausstieg möglich.	

N: 46° 03,714; E: 12° 47,861

12		### Achtung! 2. Hauptstraße kreuzt. Km-Angaben relativ ungenau, da tiefer Schotter und diverse Routen im Flußbett möglich.
km 19	Ausstieg möglich.	

Tour 3

Meduna – die Trockene

Tour 3 — **Meduna – die Trockene**

13 — km **24**

Bei der Stromleitung vor der Bogenbrücke links beim Kieswerk ausfahren (nicht ins Kieswerk!).
Ausfahrt auch rechts beim kleinen Schlösschen möglich (N: 46° 09,537, E: 12° 49,200).

N: 46° 09,496; E: 12° 48,696

14 — km **24,2**

An der Teerstraße rechts nach Colle.

Ende der Tour.

N: 46° 09,428; E: 12° 48,556

| 1 | 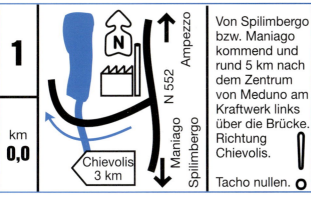 | Von Spilimbergo bzw. Maniago kommend und rund 5 km nach dem Zentrum von Meduno am Kraftwerk links über die Brücke. Richtung Chievolis.

Tacho nullen. |
|---|---|---|
| km **0,0** | | |

N: 46° 14,439; E: 12° 45,015

2	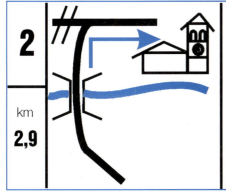	Auf 2,9 km der Teerstraße folgen bis Chiévolis. Dort nach der Brücke rechts hinter der Kirche vorbei.
km **2,9**		

N: 46° 15,283; E: 12° 44,135

3	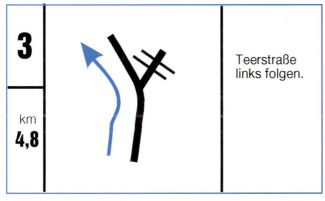	Teerstraße links folgen.
km **4,8**		

N: 46° 15,445; E: 12° 43,405

Lago di Cà Selva

Tour 4

Tour 4 — Lago di Cà Selva

4 — km 7,1

Teerstraße links folgen.

N: 46° 15,300; E: 12° 42,183

5 — km 7,6

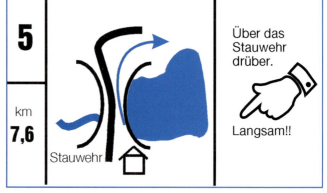

Über das Stauwehr drüber.

Langsam!!

N: 46° 15,522; E: 12° 42,025

6 — km 7,9

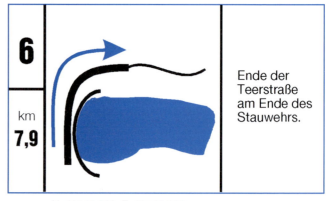

Ende der Teerstraße am Ende des Stauwehrs.

N: 46° 15,562; E: 12° 41,844

| 7 | 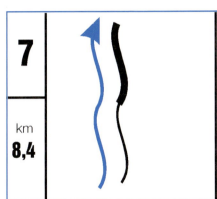 | Teerdecke der ehemaligen Versorgungsstraße für den Stausee-Bau wieder vorhanden. |
| km 8,4 | | |

| 8 | 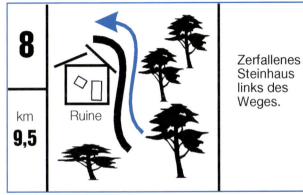 | Zerfallenes Steinhaus links des Weges. |
| km 9,5 | | |

N: 46° 15,511; E: 12° 41,132

| 9 | 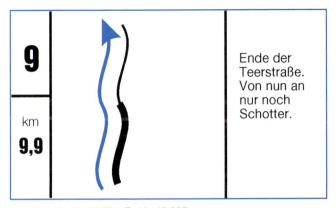 | Ende der Teerstraße. Von nun an nur noch Schotter. |
| km 9,9 | | |

N: 46° 15,584; E: 12° 40,907

Tour 4

Lago di Cà Selva

Tour 4

Lago di Cà Selva

10 km **10,7** 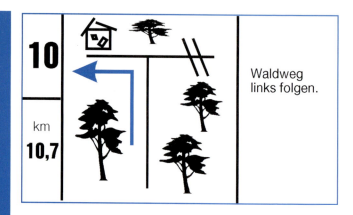	Waldweg links folgen.
11 ab km **10,7** 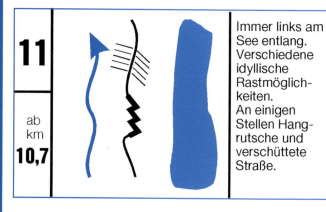	Immer links am See entlang. Verschiedene idyllische Rastmöglichkeiten. An einigen Stellen Hangrutsche und verschüttete Straße.
12 km **15,2** 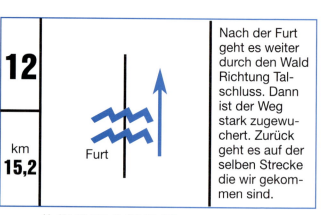	Nach der Furt geht es weiter durch den Wald Richtung Talschluss. Dann ist der Weg stark zugewuchert. Zurück geht es auf der selben Strecke die wir gekommen sind.

N: 46° 15,224; E: 12° 38,173

1

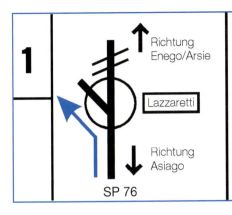

Beginn der Tour in der Ortschaft Lazzaretti, gut 10 km Luftlinie nordöstlich von Asiago.

2

km **0,0**

In Lazzaretti vor der Fina Tankstelle links von der Hauptstraße abbiegen. Direkt an der Kreuzung steht ein Gedenkstein. Tacho hier nullen.

N: 45° 45,314; E: 11° 38,724

3

km **3,2**

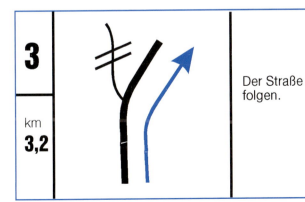

Der Straße folgen.

N: 45° 55,311; E: 11° 38,640

Sette Comuni

Tour 5

Tour 5 — Sette Comuni

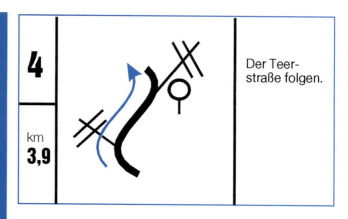

4 — km **3,9**

Der Teerstraße folgen.

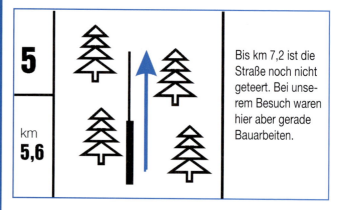

5 — km **5,6**

Bis km 7,2 ist die Straße noch nicht geteert. Bei unserem Besuch waren hier aber gerade Bauarbeiten.

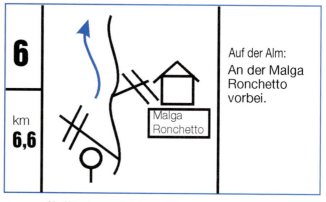

6 — km **6,6**

Auf der Alm: An der Malga Ronchetto vorbei.

N: 45° 56,421; E: 11° 36,871

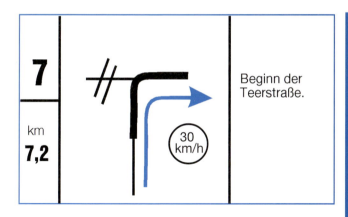

7	Beginn der Teerstraße.
km 7,2	

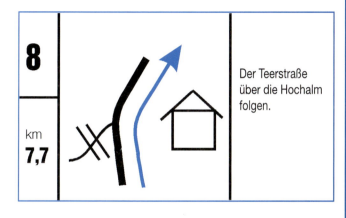

8	Der Teerstraße über die Hochalm folgen.
km 7,7	

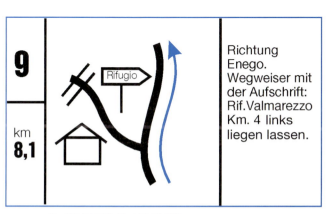

9	Richtung Enego. Wegweiser mit der Aufschrift: Rif.Valmarezzo Km. 4 links liegen lassen.
km 8,1	

N: 45° 56,827; E: 11° 36,533

Sette Comuni

Tour 5

Tour 5 — **Sette Comuni**

10 — km **11,3** neu: **0,0** — Tacho am Abzweig nullen.

Am Schild Malga Campetti rechts von der Teerstraße abbiegen auf den auch für Mountainbiker ausgewiesenen Schotterweg. Tacho nullen.

N: 45° 56,511; E: 11° 38,158

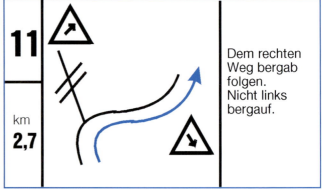

11 — km **2,7**

Dem rechten Weg bergab folgen. Nicht links bergauf.

N: 45° 56,056; E: 11° 39,143

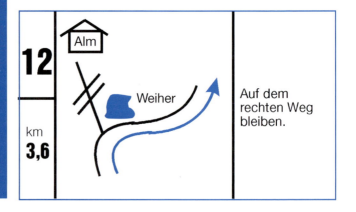

12 — km **3,6**

Auf dem rechten Weg bleiben.

| 13
km 4,1 | 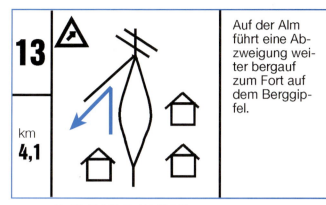 | Auf der Alm führt eine Abzweigung weiter bergauf zum Fort auf dem Berggipfel. |

N: 45° 55,985; E: 11° 40,045

| 14
km 4,2 | 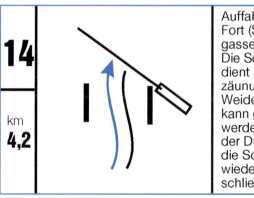 | Auffahrt zum Fort (Sackgasse). Die Schranke dient zur Einzäunung der Weide und kann geöffnet werden. Nach der Durchfahrt die Schranke wieder schließen!!! |

Tour 5

Sette Comuni

| 15
km 7,1 | 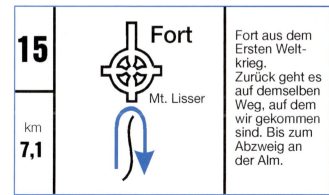 | Fort aus dem Ersten Weltkrieg. Zurück geht es auf demselben Weg, auf dem wir gekommen sind. Bis zum Abzweig an der Alm. |

N: 45° 56,729; E: 11° 39,815

Tour 5 — Sette Comuni

16 — km 10,3

Zurück an der Alm den Weg bergab nach links wieder folgen.

N: 45° 55,985; E: 11° 40,045

17 — km 12,7

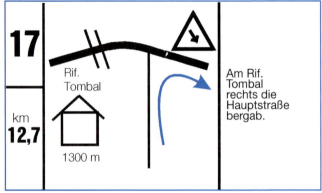

Rif. Tombal 1300 m

Am Rif. Tombal rechts die Hauptstraße bergab.

N: 45° 56,764; E: 11° 40,855

18 — km 15,2

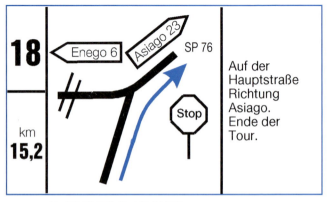

Enego 6 — Asiago 23 — SP 76 — Stop

Auf der Hauptstraße Richtung Asiago. Ende der Tour.

N: 45° 55,973; E: 11° 41,212

Piave – die Tückische

Tour 6

1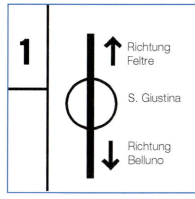
Beginn der Tour in der Ortschaft S. Giustina an der Hauptstraße N° 50 von Belluno (ca. 11 km entfernt) nach Feltre.

2 km **0,0**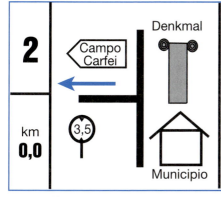
In S. Giustina, beim Kriegerdenkmal und Rathaus, von der Hauptstraße Richtung Fluss abbiegen (gesperrt für Kfz. über 3,5 Meter Höhe). Tacho nullen!

N: 46° 04,972; E: 12° 02,506

3 km **0,2**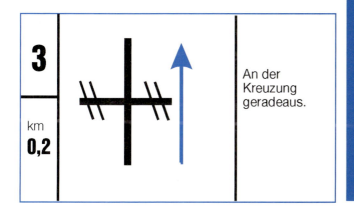
An der Kreuzung geradeaus.

Piave – die Tückische

Tour 6

4 — km **0,5**

Der abknickenden Vorfahrtsstraße und den Wegweisern folgen. Nicht geradeaus zum Bahnhof (Stazione).

N: 46° 04,706; E: 12° 02,568

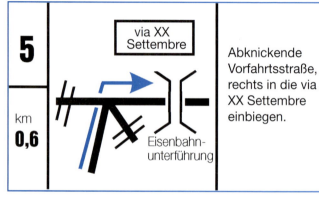

5 — km **0,6**

Abknickende Vorfahrtsstraße, rechts in die via XX Settembre einbiegen.

N: 46° 04,698; E: 12° 02,637

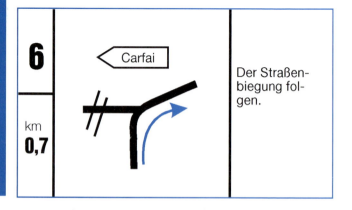

6 — km **0,7**

Der Straßenbiegung folgen.

7	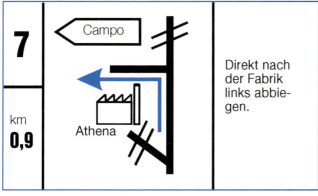	Direkt nach der Fabrik links abbiegen.
km **0,9**		

N: 46° 04,618; E: 12° 02,457

8	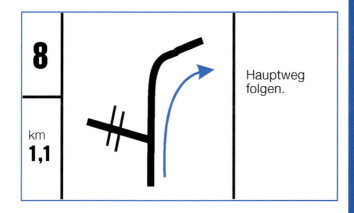	Hauptweg folgen.
km **1,1**		

9	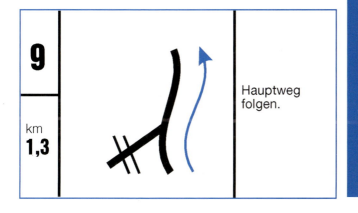	Hauptweg folgen.
km **1,3**		

Piave – die Tückische

Tour 6

Tour 6 — Piave – die Tückische

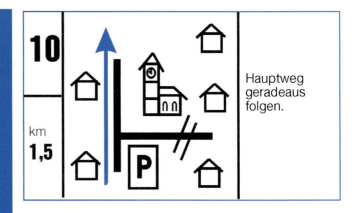

10 km 1,5 — Hauptweg geradeaus folgen.

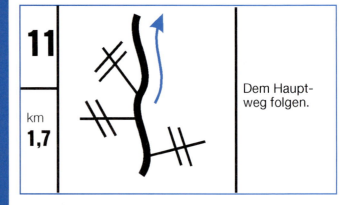

11 km 1,7 — Dem Hauptweg folgen.

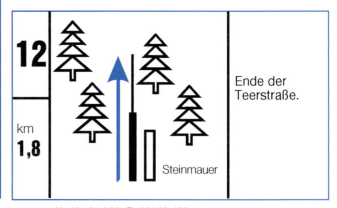

12 km 1,8 — Ende der Teerstraße.

N: 46° 04,205; E: 12° 02,433

13 km **1,9** — Den Bauernhof links liegen lassen.

14 km **2,0** — Ende des Weges; das Flußbett der Piave ist erreicht.

N: 46° 04,055; E: 12° 02,491

Piave – die Tückische

Tour 6

Friedensweg

Tour 7

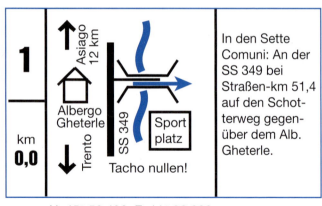

1 — km **0,0**

In den Sette Comuni: An der SS 349 bei Straßen-km 51,4 auf den Schotterweg gegenüber dem Alb. Gheterle.

N: 45° 56,436; E: 11° 26,208

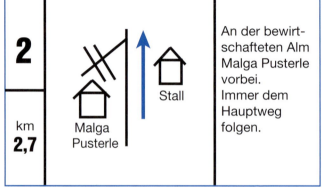

2 — km **2,7**

An der bewirtschafteten Alm Malga Pusterle vorbei. Immer dem Hauptweg folgen.

N: 45° 56,659; E: 11° 25,192

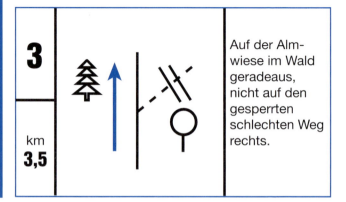

3 — km **3,5**

Auf der Almwiese im Wald geradeaus, nicht auf den gesperrten schlechten Weg rechts.

N: 45° 56,493; E: 11° 25,033

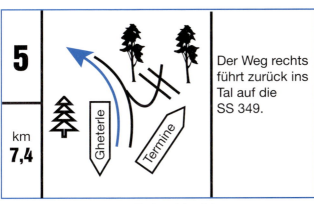

N: 45° 56,183; E: 11° 23,554

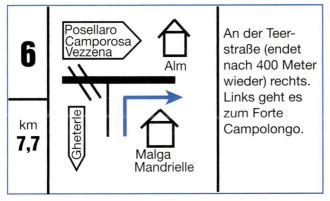

N: 45° 56,077; E: 11° 23,480

Friedensweg

Tour 7

7 — km **8,1**
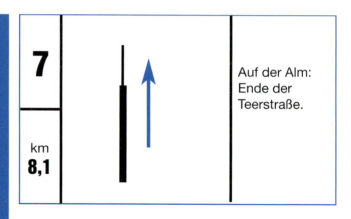
Auf der Alm: Ende der Teerstraße.

8 — km **9,3**
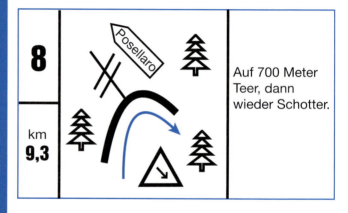
Auf 700 Meter Teer, dann wieder Schotter.

9 — km **10,7**

Nicht zur bewirtschafteten Alm Malga Camporosa, sondern den mittleren Weg geradeaus.

N: 45° 56,188; E: 11° 22,162

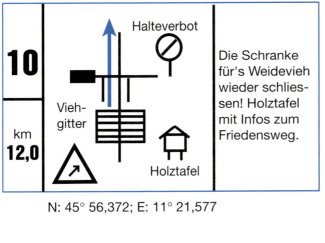

Die Schranke für's Weidevieh wieder schliessen! Holztafel mit Infos zum Friedensweg.

N: 45° 56,372; E: 11° 21,577

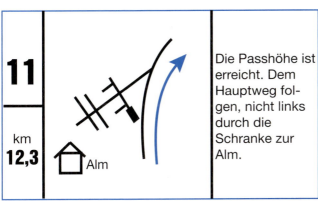

Die Passhöhe ist erreicht. Dem Hauptweg folgen, nicht links durch die Schranke zur Alm.

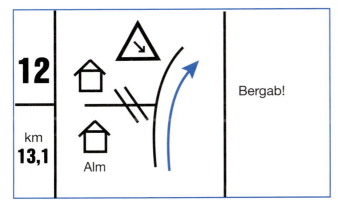

Bergab!

N: 45° 56,553; E: 11° 21,077

Friedensweg

Tour 7

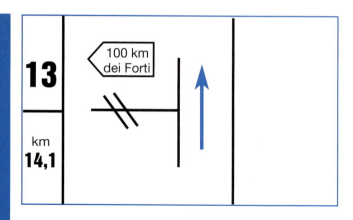

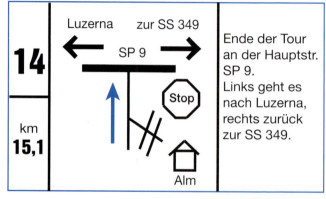

Ende der Tour an der Hauptstr. SP 9.
Links geht es nach Luzerna, rechts zurück zur SS 349.

N: 45° 56,921; E: 11° 19,937

Tour 7

Friedensweg

1

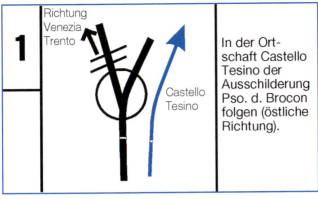

In der Ortschaft Castello Tesino der Ausschilderung Pso. d. Brocon folgen (östliche Richtung).

N: 46° 03,912; E: 11° 37,627

2 km **0,0**

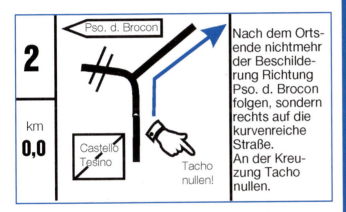

Nach dem Ortsende nichtmehr der Beschilderung Richtung Pso. d. Brocon folgen, sondern rechts auf die kurvenreiche Straße.
An der Kreuzung Tacho nullen.

3 km **0,2**

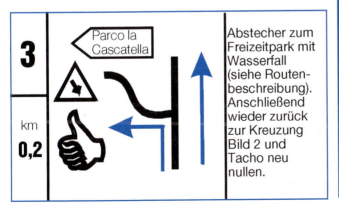

Abstecher zum Freizeitpark mit Wasserfall (siehe Routenbeschreibung). Anschließend wieder zurück zur Kreuzung Bild 2 und Tacho neu nullen.

Kaskaden: N: 46° 03,879; E: 11° 39,462

Passo di Brocon

Tour 8

Passo di Brocon

Tour 8

4 — km 10,1

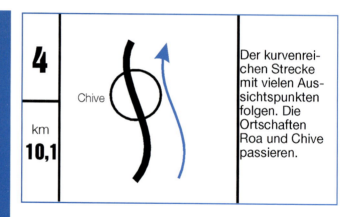

Der kurvenreichen Strecke mit vielen Aussichtspunkten folgen. Die Ortschaften Roa und Chive passieren.

5 — km 11,0

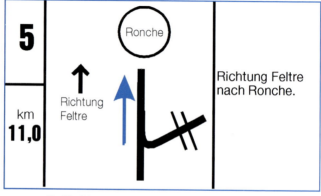

N: 46° 02,326; E: 11° 43,998

Richtung Feltre nach Ronche.

6 — km 11,9

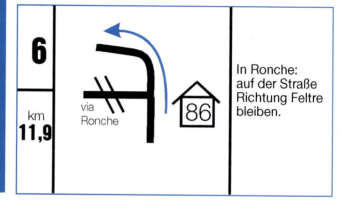

In Ronche: auf der Straße Richtung Feltre bleiben.

7	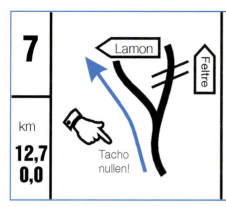	In Piei links nach San Donato abbiegen (Wegweiser Richtung Lamon).
km **12,7** **0,0**		Tacho an der Abzweigung nullen!

N: 46° 02,127; E: 11° 44,623

8	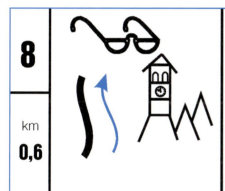	Sichtpunkt: nach rund 600 Meter steht eine einzelne Kirche auf dem gegenüberliegenden Bergrücken.
km **0,6**		

9	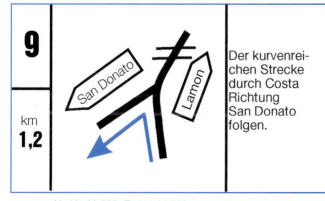	Der kurvenreichen Strecke durch Costa Richtung San Donato folgen.
km **1,2**		

N: 46° 02,595; E: 11° 44,558

Passo di Brocon

Tour 8

Passo di Brocon

Tour 8

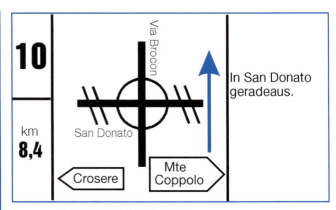

| 10 | km 8,4 | In San Donato geradeaus. |

N: 46° 03,836; E: 11° 42,315

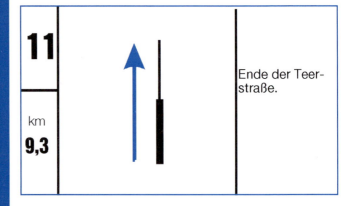

| 11 | km 9,3 | Ende der Teerstraße. |

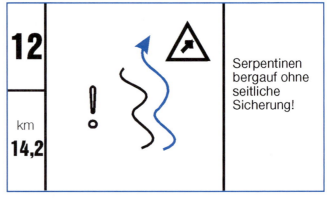

| 12 | km 14,2 | Serpentinen bergauf ohne seitliche Sicherung! |

N: 46° 05,358; E: 11° 41,145

13	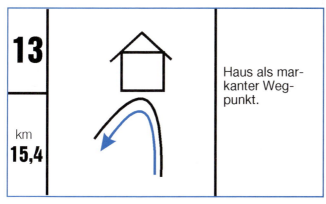	Haus als markanter Wegpunkt.
km 15,4		

N: 46° 05,489; E: 11° 41,175

14	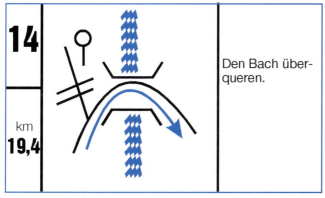	Den Bach überqueren.
km 19,4		

N: 46° 06,351; E: 11° 40,733

15	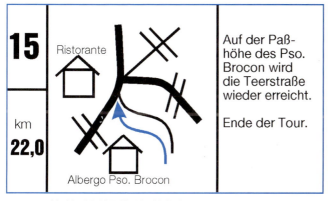	Auf der Paßhöhe des Pso. Brocon wird die Teerstraße wieder erreicht. Ende der Tour.
km 22,0		

N: 46° 07,107; E: 11° 41,310

Passo di Brocon

Tour 8

Italienisches Wörterbuch

Kleine Sprachkunde

Aussprache:
Die meisten italienischen Wörter werden auf der vorletzten Silbe betont. Doppellaute wie ie, ai, eu werden immer getrennt ausgesprochen. c wird vor den Vokalen a,o,u wie „k", vor i,e wie „tsch" gesprochen, ch wie „k". (camera „kamera" Zimmer, cielo „tschielo", Himmel, chiesa „kiesa", Kirche). g spicht man vor a,o,u wie „g" (pagare „pagare", bezahlen, vor i,e wie „dsch" (leggero „ledschero", leicht).

Zahlen:

1 uno	30 trenta
2 due	40 quaranta
3 tre	50 cinquanta
4 quattro	60 sessanta
5 cinque	70 settanta
6 sei	80 ottanta
7 sette	90 novanta
8 otto	100 cento
9 nove	101 centuno
10 dieci	110 centodieci
11 ùndici	200 duecento
12 dòdici	300 trecento
13 trèdici	400 quattrocento
14 quattòrdici	500 cinquecento
15 quindici	600 seicento
16 sèdici	700 settecento
17 diciasètte	800 ottocento
18 diciotto	900 novecento
19 diciannove	1000 mille
20 venti	1/2 un mezzo
21 ventuno	1/4 un quarto
22 ventidue	2/3 due terzi

Zeit

oggi	heute
ieri	gestern
domani	morgen
piu tardi	später
la sera	der Abend
la notte	die Nacht
la mattina	der Morgen
lunedi	Montag
martedi	Dienstag
mercoledi	Mittwoch
giovedi	Donnerstag
venerdi	Freitag
sabato	Samstag
domenica	Sonntag

Redewendungen

buon giorno	guten Tag
buona sera	guten Abend
buona notte	gute Nacht
arrivederci	auf Wiedersehen
ciao	tschüß, hallo
grazie	danke
per favore	bitte, wenn man um etwas bittet)
prego	bitte (auf „danke")
scusi	entschuldigung
Come sta?	Wie geht's Ihnen?
salute	Prost
vorrei mangiare	ich möchte essen
non vorrei...	ich möchte nicht

Fragen

dove?	wo?
a dove?	wohin?
quando?	wann?
quanto?	wieviel?
chi?	wer?
perché?	warum?
c'e?	gibt es?

Essen und Trinken

ristorante	Restaurant
trattoria	(einfache) Gaststätte
l'osteria	bietet zum Essen oft nur Kleinigkeiten an
tavola caldo	Snack-Bar
la prima colazione	Frühstück
il pranzo	Mittagessen
la cena	Abendessen
l'antipasto	Vorspeise
il primo (piatto)	1. Hauptgericht (Nudeln)
il secondo (piatto)	2. Hauptgericht (Fleisch, Fisch)
la minestra	Suppe
il dessert	Nachtisch
il menu	Speisekarte
il camerière	der Kellner
mangiare	essen

Italienisches Wörterbuch

bere	trinken
l'acqua naturale	Leitungswasser
l'acqua minerale	Mineralwasser
il caffè	Kaffee (Espresso)
– lungo	dünner Kaffee
– macchiato	mit Milch
il cappuccino	mit geschäumter Milch
il latte	Milch
il tè	Tee
la cioccolata	Kakao
l'aranciata	Orangenlimonade
la birra	Bier
il vino	Wein
– bianco	weißer -
– rosso	roter -
– rosè	rosé -
– locale	örtlicher -
il spumante	süßer Sekt
il liquore	Schnaps, Likör
la panetteria	Bäckerei
la pasticceria	Konditorei
la gelateria	Eisdiele
la macelleria	Metzgerei
li formaggio	Käse
il burro	Butter
il pane	Brot
il sale	Salz

Wenn's Probleme gibt

Non ho soldi	Ich habe kein Geld
la stazione di polizia	Polizeistation
rubare	stehlen
i documenti	Papiere
la chiave	Schlüssel
la borsa	Tasche
il borsellino	Geldbeutel
tutto, solo	alles, außer
la banca	Bank
i soldi	Geld
euro	Euro
il medico, dottore	Arzt, Doktor
l'ospedale	Krankenhaus
la clinica	Klinik
il dentista	Zahnarzt
la farmacia	Apotheke
l'ambulanza	Rettungswagen
il gabinetto	Toilette

Rund ums Auto

l'officina	Werkstätte
la gomma, la ruota	Reifen, Rad
la pressione pneumatica	Reifendruck
la macchina	Auto
la garage	Garage
la foratura	Reifenpanne
la ruota di scorta	Ersatzreifen
la pompa	Pumpe
i fari, la lampadina	Scheinwerfer, Birne
la benzina	Benzin
il gasolio	Diesel
olio	Öl
fare la benzina	tanken
il pieno per favore	bitte volltanken
la stazione di servizio	Tankstelle
la riparazione	Reparatur
l'incidente	Unfall
l'assicurazione	Versicherung
rimorchiare	abschleppen
l'acqua	Wasser
il motore	Motor
la frizione	Kupplung
il cambio delle marcie	Getriebe
il tubo di scappamento	Auspuff
l'asse	Achse
l'ammortizzatore	Stoßdämpfer
la batteria	Batterie
l'acqua distillata	destilliertes Wasser
il fusibile	Sicherung
la candela	Zündkerze
la lattina di benzina	Reservekanister
il cric	Wagenheber
gli attrezzi	Werkzeug
i freni	Bremsen
il vetro	Scheibe
il tergicristallo	Scheibenwischer
la guarnizione	Dichtung
la cinghia trapezoidale	Keilriemen
la dinamo	Lichtmaschine

Schilder

accendere i fari	Licht einschalten!
alt	Halt!
apperto	geöffnet
attenzione	Achtung
bagno/gabinetti	Toilette
fuori servizio	außer Betrieb
caduta massi/sassi	Steinschlag

In eigener Sache
Liebe Leserinnen und Leser!

Die Buchreihe Geländewagen Touren ist speziell für Sie als Offroader konzipiert und deshalb ist es für uns wichtig, Ihre Meinung zu hören. Schreiben Sie uns also Ihre Erfahrungen mit diesem Reiseführer. Geben Sie uns Anregungen und äußern Sie Ihre Verbesserungsvorschläge – wir freuen uns über jeden Brief.

Und noch eine zweite Bitte: Sollte jemand aus Ihrem Bekanntenkreis an dieser Buchreihe Interesse haben, dann kopieren Sie ihm doch diese Seite. Er kann dann sein eigenes Exemplar von Geländewagen Touren Band 1 bis Band 4 anfordern – natürlich können auch Sie mit dem Coupon unten weitere Bände von Geländewagentouren bestellen.

BESTELLADRESSE

Deutschland und andere Länder:
Theo Gerstl
Riesenburgstraße 60
D-81249 München
Bestellfax: **0 89 / 87 50 18**

nur Österreich:
Buchhandel Godai
Mariahilfer Str. 169
A-1150 Wien
1 / 8 92 91 60 17

Hiermit bestelle ich: ***Geländewagen Touren***

___ Expl.	**Band 1: Italiens Ostalpen**	je **20,35 €**	_____ €
___ Expl.	**Band 2: Frankreichs Alpen**	je **20,35 €**	_____ €
___ Expl.	**Band 3: Slowenien und Istrien**	je **17,80 €**	_____ €
___ Expl.	**Band 4: Spaniens Pyrenäen**	je **20,35 €**	_____ €

zzgl. Versandkostenanteil
Deutschland: **2,30 €**   oder andere Länder: **6,20 €**   _____ €

Gesamtpreis: _____ €

Name:

Straße: PLZ/Wohnort:

Datum: Unterschrift:

Italienisches Wörterbuch

casello	Autobahnzahlstelle		
cassa	Kasse		
chiuso	geschlossen		
deviazione	Umleitung		
devieto di passagio	Durchfahrt verboten		
dogana	Zoll		
fine	Ende		
frana	Erdrutsch		
galleria	Tunnel		
in caso di pioggia, neve, ghiaccio	bei Regen, Schnee, Eis		
incrocio	Kreuzung		
lavori in corso	Baustelle		
parcheggio	Parkplatz		
pericolo	Gefahr		
signore	Damen		
signori	Herren		
sosta vietata	Halteverbot		
spingere	drücken		
strada senza uscita	Sackgasse		
uscita	Ausgang		

Übernachten

C'è un campeggio qui vicino?	Gibt es in der Nähe einen Campingplatz?
Posso mettere la tenda sul Suo terreno?	Darf ich mein Zelt auf Ihrem Grundstück aufstellen?
C'è una camera libera?	Ist ein Zimmer frei?
Restiamo solo una notte.	Wir bleiben nur eine Nacht.
l'ostello della gioventu	Jugendherberge
caro	teuer
economico	billig
la camera singola	Einzelzimmer
la camera doppia	Doppelzimmer
con bagno	mit Bad
con doccia	mit Dusche
svegliare	wecken
Veniamo fra due giorni.	Wir kommen in zwei Tagen.
Dobbiamo partire oggi.	Wir müssen heute abreisen.

Kurzinfos

Wo gibt's Informationen?

Die Region Friaul-Julisch Venetien liegt im Nordosten Italiens, grenzt im Norden an Österreich und im Osten an Slowenien. Das Gebiet umfasst 7 845 qkm und hat etwa 1 203 000 Einwohner. Seit 1964 ist Triest Hauptstadt der Region.

Einreise

Italien gehört, wie Deutschland und Österreich zur EU – entsprechend gibt es bei der Einreise nach Italien keine Grenzkontrollen mehr. Für Schweizer genügt zur Einreise der Personalausweis, den natürlich auch Bürger Deutschlands und Österreichs mit sich führen müssen. Empfehlenswert ist die grüne Internationale Versicherungskarte.

Enduro- und Radfahren

Die beschriebenen Touren bieten neben Enduro-Fahrern auch Mountainbikern hohen Fahrgenuß. Weitere zwölf Tourenvorschläge mit Kilometer- und Höhenangaben in den Karnischen Alpen finden sich im Faltblatt *Carnia in Mountain Bike*, herausgegeben von Carnia Azienda di Promozione Turistica, Via Cadore 1, I-33024 Forni di Sopra, Fax 00 39-4 33-88 66 86.

Camping

Freies Campen ist auf öffentlichem Grund nicht gestattet (Ausnahme: einmaliges Übernachten im Wohnmobil oder Wohnwagen), auf Privat

grund ist der Eigentümer zu fragen. Während an der Adriaküste zahllose teilweise sehr hochwertig ausgestattete Campingplätze der Besucher harren, ist in den Bergen das Angebot ziemlich spärlich.
Informationen gibt es beim Ital. Verkehrsamt ENIT (Anschrift siehe „Informationen" rechts unten). Eine Broschüre *Campeggi e Villagi Turistici* (Campingplätze und Touristendörfer) für Friaul-Julisch-Venetien kann man anfordern über Telefon 00 39-16 70 -1 60 44. Der ADAC aktualisiert jährlich seinen Campingführer (Bd. 1, *Südeuropa*).
Unser Tipp: Einen eindrucksvollen Blick über Triest bietet der kleine, rustikale Campeggio Obelisco, Strada Nuova per Opicina 37, Tel. 00 39-40-2116 55, der von Offroadern gerne angesteuert wird. Für die westlichen Touren haben wir den Camping al Lago bei Arsié (beschildert) genutzt.

Telefon, Post

Das Mobilfunknetz ist in Italien gut ausgebaut und es bestehen Kooperationen mit den deutschen Providern: So ist das Handy in Italien problemlos zu benutzen. Aber nicht vergessen: Die Gebühren sind beim Auslandseinsatz deutlich höher als zuhause.
Ansonsten kann man auch auf Postämtern und beim Staatl. Italienischen Telefonamt (SIP) telefonieren. Für öffentliche Fernsprecher benutzt man meist Telefonkarten. Vorwahl nach Deutschland 00 49, nach Österreich 00 43 und in die Schweiz 00 41.
Briefkästen in Italien sind rot. Außer bei Postämtern kann man Briefmarken auch in Tabakgeschäften (erkennt man am T-Schild über der Tür) kaufen.

Karten

Kümmerly & F, 1224, Reisekarte Italien Bl. 4 *Venetien–Friaul*, 1:200 000. – Michelin, Straßenkarte 429, *Italien Nord-Osten*, 1:400 000. – freytag & berndt, Straßenkarte *Norditalien*, mit Kulurführer, 1:500 000. – f&b, Straßenkarte *Alpen-Adria*, 1:600 000. – Hallwag, Südtirol/Gardasee, 1:175.000. Eine gute Straßenkarte *Friuli–Venezia–Giulia* im Maßstab 1:200 000 hält kostenlos bereit das Regionale Fremdenverkehrsamt, Via G. Rossini 6, I-34132 Trieste, Tel. 00 39-40-36 39 52, Fax 36 54 96. Die meisten Karten können schon zuhause über den Buchhandel bezogen werden. Bei speziellen Kartenwünschen wendet man sich an das Internationale Landkartenhaus Geo-Center GmbH, Schockenriedstr. 44, 70565 Stuttgart, Tel. 07 11-7 88 93 40, Fax 07 11-7 88 93 54.
Doch auch vor Ort im Tourengebiet findet sich sehr gutes Kartenmaterial. Überall dort, wo es Zeitungen und Postkarten gibt, hält man meist auch detailliertes Kartenmaterial der näheren Umgebung bereit.

Informationen

Kostenloses Informationsmaterial ist erhältlich beim Staatl. Italienischen Fremdenverkehrsamt
ENIT, Kaiserstraße 65, 60329 Frankfurt/M., Tel. 0 69-23 74 30, Fax 23 28 94 sowie bei ENIT, Karl-Liebknecht-Str. 34, 10178 Berlin, Tel. 0 30-2 47 83 97-8, Fax 2478399
ENIT Goethestr. 20, 80336 München, Tel. 0 89- 53 13 17, Fax 53 45 27
ENIT, Kärntnerring 4, A-1010 Wien, Tel. 1-5 05 16 30 12, Fax 5 05 02 48
ENIT, Uraniastr. 32, CH-8001 Zürich, Tel. 01-2 11 79 17, Fax 2 11 38 85.

Informationen im Internet

www.enit.it; www.autostrade.it (engl.); www.teletour.de/italien;
www.veneto.de; www.trenino.de;
www.valsugana.de;
www.regione.fvg.it;
www.giubileo.fvg.it;
www.botschaft-italien.de